Patricia Laurent

# Livre de Friteuse Ninja Foodi Dual Zone 301

Recettes Rapides, Faciles et très Variées pour Tous les Jours

# Tous droits réservés

Tous droits de reproduction, d'adaptation et de traduction, intégrale ou partielle réservés pour tous pays. L'auteur ou l'éditeur est seul propriétaire des droits et responsable du contenu de ce livre.

© 2023 Patricia Laurent

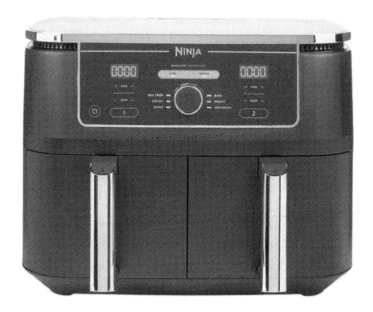

ISBN : 9798871323106

# Table des matières

## Introduction ...... 14

# Entrées ...... 15

1. Ailes de poulet croustillantes ...... 16
2. Beignets d'oignon ...... 16
3. Rouleaux de printemps au poulet ...... 16
4. Croquettes de crevettes ...... 17
5. Champignons farcis au fromage ...... 17
6. Nuggets de poulet au parmesan ...... 17
7. Boulettes de viande au curry ...... 18
8. Beignets de calamars ...... 18
9. Tofu croustillant aux légumes ...... 18
10. Jalapeños farcis au fromage ...... 19
11. Churros ...... 19
12. Rondelles d'oignon à la bière ...... 19
13. Samoussas aux légumes ...... 20
14. Brochettes de crevettes marinées ...... 20
15. Croquettes de jambon et de fromage ...... 20
16. Frites de patates douces ...... 21
17. Roulés de saumon fumé au fromage ...... 21
18. Rouleaux de printemps aux crevettes ...... 21
19. Boulettes de viande aux légumes ...... 22
20. Nachos au fromage ...... 22
21. Bâtonnets de courgette panés ...... 22
22. Boulettes de thon et de pommes de terre ...... 23
23. Ailes de poulet au miel et à la moutarde ...... 23
24. Feuilletés au fromage de chèvre et aux épinards ...... 23
25. Beignets de maïs ...... 24

| 26. | Croquettes de saumon | 24 |
| 27. | Boulettes de légumes | 24 |
| 28. | Aubergines panées | 25 |
| 29. | Boulettes de viande de porc à la sauce aigre-douce | 25 |

# Petit-déjeuner ............................ 26

| 30. | Croissants au jambon et au fromage | 27 |
| 31. | Pain perdu | 27 |
| 32. | Croustilles de pommes de terre au bacon | 27 |
| 33. | Omelette aux légumes | 28 |
| 34. | Croustilles de patates douces | 28 |
| 35. | Pancakes aux myrtilles | 28 |
| 36. | Muffins aux œufs et au bacon | 29 |
| 37. | Tartelettes aux fruits | 29 |
| 38. | Croustillants au chocolat | 29 |
| 39. | Cinnamon rolls | 30 |
| 40. | Crêpes au Nutella | 30 |
| 41. | Petits pains aux raisins | 30 |
| 42. | Galettes de pommes de terre | 31 |
| 43. | Biscuits à la cannelle | 31 |
| 44. | Boulettes de porridge | 31 |
| 45. | Tartinade de saumon fumé | 32 |
| 46. | Petits pains aux pépites de chocolat | 32 |
| 47. | Barres de granola | 32 |
| 48. | Pain aux bananes | 33 |
| 49. | Chaussons aux pommes | 33 |
| 50. | Petits sandwichs déjeuners | 33 |
| 51. | Muffins aux myrtilles et à la noix de coco | 34 |
| 52. | Boulettes de saucisse au sirop d'érable | 34 |
| 53. | Smoothie bowl aux fruits et granola | 34 |
| 54. | Tartinade d'avocat et de saumon fumé | 35 |
| 55. | Crêpes aux pépites de chocolat et aux framboises | 35 |

| | | |
|---|---|---|
| 56. | Beignets au sucre et à la cannelle | 35 |
| 57. | Pain grillé à l'avocat et à l'œuf poché | 36 |
| 58. | Bagels au saumon fumé et à la crème fraîche | 36 |
| 59. | Biscuits à la cannelle et aux pommes | 36 |

# Déjeuner .................................... 37

| | | |
|---|---|---|
| 60. | Poulet croustillant | 38 |
| 61. | Boulettes de viande | 38 |
| 62. | Ailes de poulet Buffalo | 38 |
| 63. | Nuggets de poulet | 39 |
| 64. | Poisson pané | 39 |
| 65. | Crevettes croustillantes à l'ail et au citron | 39 |
| 66. | Pommes de terre rôties à l'ail et aux herbes | 40 |
| 67. | Aubergines parmesanes | 40 |
| 68. | Brochettes de poulet aux légumes | 40 |
| 69. | Crevettes à l'ail et au piment | 41 |
| 70. | Roulés d'aubergines à la mozzarella | 41 |
| 71. | Pain à l'ail | 41 |
| 72. | Calamars frits | 42 |
| 73. | Légumes grillés | 42 |
| 74. | Nuggets de poisson | 42 |
| 75. | Frites de patate douce | 43 |
| 76. | Steak de thon grillé | 43 |
| 77. | Côtes de porc marinées | 43 |
| 78. | Poulet au citron et à l'ail | 44 |
| 79. | Légumes farcis | 44 |
| 80. | Tacos au poulet | 44 |
| 81. | Légumes sautés au gingembre et à l'ail | 45 |
| 82. | Boulettes de viande aux herbes | 45 |
| 83. | Maïs grillé au beurre à l'ail et au parmesan | 45 |
| 84. | Raviolis frits au fromage | 46 |
| 85. | Côtelettes d'agneau à la menthe | 46 |

| | | |
|---|---|---|
| 86. | Champignons farcis au fromage de chèvre | 46 |
| 87. | Crevettes à la noix de coco et au curry | 47 |
| 88. | Poulet au beurre | 47 |
| 89. | Brochettes de légumes et de poulet | 47 |

# Légumes rôtis variés .................. 48

| | | |
|---|---|---|
| 90. | Légumes rôtis classiques | 49 |
| 91. | Champignons rôtis à l'ail et au thym | 49 |
| 92. | Brocoli rôti au parmesan | 49 |
| 93. | Légumes rôtis au miel et à la moutarde | 50 |
| 94. | Asperges rôties au citron | 50 |
| 95. | Tomates cerises rôties à l'ail et au basilic | 50 |
| 96. | Poivrons rôtis à l'huile d'olive et au vinaigre balsamique | 51 |
| 97. | Patates douces rôties à la cannelle et au miel | 51 |
| 98. | Courgettes rôties au parmesan et à l'origan | 51 |
| 99. | Légumes rôtis au curry | 52 |
| 100. | Carottes au thym | 52 |
| 101. | Patates douces à l'huile d'olive et à la sauge | 52 |
| 102. | Haricots verts à l'ail et au citron | 53 |
| 103. | Poireaux au fromage parmesan | 53 |
| 104. | Courgettes au basilic et à la tomate | 53 |
| 105. | Champignons à l'ail et au persil | 54 |
| 106. | Aubergines au cumin et au coriandre | 54 |
| 107. | Endives au jambon | 54 |
| 108. | Pommes de terre à l'ail et au romarin | 55 |
| 109. | Légumes rôtis à la salade frisée | 55 |
| 110. | Poivrons à l'huile d'olive et au basilic | 55 |
| 111. | Légumes rôtis au fenouil et à l'orange | 56 |
| 112. | Légumes rôtis à la ratatouille | 56 |
| 113. | Courgettes à la provençale | 56 |
| 114. | Légumes rôtis au romarin et au thym | 57 |
| 115. | Chou-fleur au curry | 57 |

| | |
|---|---|
| 116. | Légumes rôtis à la courgette jaune et à l'aneth ................................................. 57 |
| 117. | Tomates au thym et au parmesan ....................................................................... 58 |
| 118. | Légumes rôtis à la salade frisée ......................................................................... 58 |
| 119. | Légumes rôtis aux champignons de Paris .......................................................... 58 |

# Volaille ............................................... 59

| | |
|---|---|
| 120. | Ailes de poulet BBQ ............................................................................................ 60 |
| 121. | Cuisses de poulet cajun ...................................................................................... 60 |
| 122. | Brochettes de poulet au citron et à l'ail ............................................................... 60 |
| 123. | Filets de poulet au parmesan .............................................................................. 61 |
| 124. | Ailes de poulet à l'ail et au miel .......................................................................... 61 |
| 125. | Brochettes de poulet teriyaki ............................................................................... 61 |
| 126. | Côtes de porc marinées au citron et à l'origan .................................................... 62 |
| 127. | Brochettes de poulet au curry ............................................................................. 62 |
| 128. | Cuisse de dinde au romarin et à l'ail .................................................................. 62 |
| 129. | Pilons de poulet au paprika et au citron ............................................................. 63 |
| 130. | Canard à l'orange ................................................................................................ 63 |
| 131. | Pintade aux herbes de Provence ........................................................................ 63 |
| 132. | Caille aux champignons ...................................................................................... 64 |
| 133. | Poulet de Bresse rôti ........................................................................................... 64 |
| 134. | Pigeon rôti aux épices exotiques ........................................................................ 64 |
| 135. | Caille farcie aux fruits secs ................................................................................. 65 |
| 136. | Pintade aux champignons sauvages .................................................................. 65 |
| 137. | Caneton laqué à la sauce hoisin ......................................................................... 65 |
| 138. | Poule au pot ......................................................................................................... 66 |
| 139. | Poulet à la bière .................................................................................................... 66 |
| 140. | Caille farcie aux champignons ............................................................................ 66 |
| 141. | Pintade aux morilles ............................................................................................ 67 |
| 142. | Poulet rôti au thym et à l'ail ................................................................................. 67 |
| 143. | Poulet Tikka Masala ............................................................................................. 67 |
| 144. | Canard à la cerise ................................................................................................ 68 |
| 145. | Caille aux poires et au vin rouge ......................................................................... 68 |

| 146. | Poulet au curry vert thaïlandais | 68 |
| --- | --- | --- |
| 147. | Canard à la mandarine | 69 |
| 148. | Poulet à la moutarde et au miel | 69 |
| 149. | Canard aux pruneaux et au cognac | 69 |

# Poissons frits variés.................. 70

| 150. | Filets de cabillaud croustillants | 71 |
| --- | --- | --- |
| 151. | Nuggets de saumon | 71 |
| 152. | Filets de sole au citron et à l'aneth | 71 |
| 153. | Crevettes panées au panko | 72 |
| 154. | Filets de truite aux amandes | 72 |
| 155. | Calmars frits | 72 |
| 156. | Filets de merlu au citron et à l'ail | 73 |
| 157. | Filets de bar à la méditerranéenne | 73 |
| 158. | Tempura de légumes et crevettes | 73 |
| 159. | Filets de saumon à la moutarde et au miel | 74 |
| 160. | Filets de tilapia au citron et à l'ail | 74 |
| 161. | Gambas à l'ail et au persil | 74 |
| 162. | Filets de dorade aux herbes : | 75 |
| 163. | Filets de maquereau grillé au citron | 75 |
| 164. | Brochettes de saumon et de crevettes | 75 |
| 165. | Filets de rouget aux herbes de Provence | 76 |
| 166. | Filets de merlan à la moutarde et au miel | 76 |
| 167. | Crevettes à la noix de coco et au curry | 76 |
| 168. | Filets de sole à la sauce aux câpres | 77 |
| 169. | Saumon au miel et à la moutarde | 77 |
| 170. | Filets de morue à la méditerranéenne | 77 |
| 171. | Poisson-chat au cajun | 78 |
| 172. | Filets de bar à la provençale | 78 |
| 173. | Filets de pangasius au citron vert et à la coriandre | 78 |
| 174. | Filets de poisson à la moutarde et au thym | 79 |
| 175. | Filets de perche au beurre à l'ail et au citron | 79 |

| 176. | Filets de mérou aux noix de cajou | 79 |
| --- | --- | --- |
| 177. | Filets de brochet aux herbes fraîches | 80 |
| 178. | Filets de plie à la sauce aux câpres | 80 |
| 179. | Filets de raie aux amandes | 80 |

# Bœuf, Porc, Agneau ............... 81

| 180. | Bœuf teriyaki | 82 |
| --- | --- | --- |
| 181. | Bœuf aux légumes sautés | 82 |
| 182. | Bœuf à l'ail et au brocoli | 82 |
| 183. | Bœuf aux champignons | 83 |
| 184. | Bœuf au poivre noir | 83 |
| 185. | Bœuf au curry | 83 |
| 186. | Bœuf au paprika | 84 |
| 187. | Bœuf à l'oignon et au vin rouge | 84 |
| 188. | Bœuf à la moutarde et au miel | 84 |
| 189. | Bœuf au fromage bleu | 85 |
| 190. | Filets de porc au barbecue | 85 |
| 191. | Filets de porc à la moutarde et au miel | 85 |
| 192. | Filets de porc à l'ail et au romarin | 86 |
| 193. | Côtes de porc au thym citronné | 86 |
| 194. | Filets de porc à la sauce aigre-douce | 86 |
| 195. | Filets de porc aux champignons | 87 |
| 196. | Filets de porc au miel et à la moutarde | 87 |
| 197. | Côtelettes de porc au romarin et à l'ail | 87 |
| 198. | Boulettes de porc à la sauce aigre-douce | 88 |
| 199. | Porc à la sauce au poivre noir | 88 |
| 200. | Côtelettes d'agneau à la menthe | 88 |
| 201. | Brochettes d'agneau au cumin | 89 |
| 202. | Agneau aux herbes provençales | 89 |
| 203. | Agneau au curry | 89 |
| 204. | Côtelettes d'agneau au romarin | 90 |
| 205. | Agneau à l'ail et au citron | 90 |

206. Agneau à la moutarde et au miel ................................................................. 90
207. Agneau au yaourt et aux épices .................................................................. 91
208. Agneau aux légumes méditerranéens ........................................................ 91
209. Agneau à la sauce aux herbes .................................................................... 91

# Rondelles de légumes assaisonnées ............................ 92

210. Rondelles de courgettes à l'huile d'olive et au parmesan ........................ 93
211. Rondelles de courgettes à l'ail et au citron ................................................ 93
212. Rondelles de courgettes au curry ............................................................... 93
213. Rondelles de courgettes au thym ............................................................... 94
214. Rondelles de courgettes à la sauce balsamique ....................................... 94
215. Rondelles de pommes de terre à l'ail et au romarin ................................. 94
216. Rondelles de pommes de terre au parmesan et au persil ........................ 95
217. Rondelles de pommes de terre au paprika ................................................ 95
218. Rondelles de pommes de terre au thym citronné ..................................... 95
219. Rondelles de pommes de terre à la sauce ranch ...................................... 96
220. Rondelles de carottes au miel et à la moutarde ........................................ 96
221. Rondelles de carottes au cumin ................................................................. 96
222. Rondelles de carottes au thym et à l'ail ..................................................... 97
223. Rondelles de carottes au romarin et au miel ............................................. 97
224. Rondelles de carottes à la sauce teriyaki .................................................. 97
225. Rondelles de poivrons au paprika fumé .................................................... 98
226. Rondelles de poivrons à l'ail et au persil ................................................... 98
227. Rondelles de poivrons à la sauce barbecue .............................................. 98
228. Rondelles d'aubergines au zaatar ............................................................... 99
229. Rondelles d'aubergines au curry ................................................................ 99
230. Rondelles d'aubergines au fromage feta .................................................... 99
231. Rondelles de champignons à l'ail et au persil ......................................... 100
232. Rondelles de champignons au parmesan ................................................ 100
233. Rondelles de champignons au balsamique ............................................. 100
234. Rondelles de tomates à l'origan et au fromage parmesan ..................... 101

| 235. | Rondelles de tomates à la sauce pesto | 101 |
| --- | --- | --- |
| 236. | Rondelles de tomates au balsamique et à la mozzarella | 101 |
| 237. | Rondelles d'oignons caramélisées | 102 |
| 238. | Rondelles d'oignons à la sauce barbecue | 102 |
| 239. | Rondelles d'oignons au vinaigre balsamique et au romarin | 102 |

# Plats d'accompagnement ......... 103

| 240. | Pommes de terre rôties à l'ail et au romarin | 104 |
| --- | --- | --- |
| 241. | Pommes de terre au parmesan et à l'origan | 104 |
| 242. | Pommes de terre douces rôties à la cannelle et au miel | 104 |
| 243. | Pommes de terre au bacon et au fromage cheddar | 105 |
| 244. | Pommes de terre à l'ail et au parmesan | 105 |
| 245. | Asperges grillées au citron et au parmesan | 105 |
| 246. | Brocolis au parmesan et à l'ail | 106 |
| 247. | Courgettes grillées au thym et au citron | 106 |
| 248. | Carottes rôties au miel et au cumin | 106 |
| 249. | Haricots verts grillés à l'ail et au parmesan | 107 |
| 250. | Épis de maïs grillés au beurre d'ail et au persil | 107 |
| 251. | Épis de maïs grillés au paprika et au fromage cheddar | 107 |
| 252. | Courges butternut rôties à la cannelle et au miel | 108 |
| 253. | Courges spaghetti à l'ail et au parmesan | 108 |
| 254. | Champignons grillés à l'ail et au persil | 108 |
| 255. | Champignons farcis au fromage de chèvre et aux épinards | 109 |
| 256. | Mélange de légumes grillés à l'italienne | 109 |
| 257. | Mélange de légumes asiatiques sautés | 109 |
| 258. | Haricots rouges grillés à la sriracha | 110 |
| 259. | Haricots blancs à l'ail et au citron | 110 |
| 260. | Courges rôties au thym et à la moutarde | 110 |
| 261. | Courges spaghetti au pesto et aux tomates séchées | 111 |
| 262. | Mélange de légumes grillés au citron et au parmesan | 111 |
| 263. | Mélange de légumes grillés à l'ail et au balsamique | 111 |
| 264. | Mélange de légumes grillés à la mexicaine | 112 |

| 265. | Brocolis grillés au parmesan et aux amandes | 112 |
| 266. | Asperges grillées à la sauce hollandaise | 112 |
| 267. | Champignons grillés au thym et au balsamique | 113 |
| 268. | Mélange de légumes grillés à la méditerranéenne | 113 |
| 269. | Aubergines grillées au miel et au thym | 113 |

# Desserts....................................114

| 270. | Beignets à la confiture | 115 |
| 271. | Beignets à la pomme | 115 |
| 272. | Churros au chocolat | 115 |
| 273. | Churros à la cannelle et au sucre | 116 |
| 274. | Beignets de crème à la vanille | 116 |
| 275. | Beignets de crème au chocolat | 116 |
| 276. | Bananes frites au miel et à la cannelle | 117 |
| 277. | Ananas frit à la noix de coco | 117 |
| 278. | Petits gâteaux au chocolat fondant | 117 |
| 279. | Petits gâteaux aux pommes et à la cannelle | 118 |
| 280. | Gaufres à la vanille | 118 |
| 281. | Gaufres à la cannelle et au sucre | 118 |
| 282. | Croustillants aux pommes et à la cannelle | 119 |
| 283. | Croustillants à la noix de coco et au chocolat | 119 |
| 284. | Pain perdu à la vanille et aux fruits rouges | 119 |
| 285. | Pain perdu à la cannelle et au sirop d'érable | 120 |
| 286. | Chaussons aux pommes caramélisées | 120 |
| 287. | Chaussons à la banane et au chocolat | 120 |
| 288. | Roulés à la cannelle glacés | 121 |
| 289. | Cheesecake au citron | 121 |
| 290. | Tartelettes aux fruits | 121 |
| 291. | Tartelettes au chocolat et aux noix | 122 |
| 292. | Cobbler aux pêches | 122 |
| 293. | Gâteau au chocolat individuel | 122 |
| 294. | Gâteau aux pommes individuel | 123 |

295. Biscuits au beurre et à la confiture ... 123
296. Biscuits aux pépites de chocolat ... 123
297. Tarte au citron individuelle ... 123
298. Tarte aux fraises individuelle ... 124
299. Cake au citron et aux graines de pavot ... 124
300. Gaufres à la vanille et aux fraises ... 124
301. Mini-Tartelettes au chocolat et à la framboise ... 124

# Introduction

La friteuse à air Ninja Foodi Dual Zone a révolutionné la cuisine moderne en offrant une manière saine et pratique de préparer des plats délicieux, croustillants et savoureux, tout en maintenant un mode de vie axé sur la santé. Avec ses fonctionnalités innovantes et sa technologie de pointe, cette friteuse à air est devenue un incontournable dans les cuisines du monde entier. Et maintenant, avec notre livre "**Livre de Friteuse Ninja Foodi Dual Zone : 301 Recettes Rapides, Faciles et très Variées pour Tous les Jours**", vous êtes sur le point de découvrir tout son potentiel et de maîtriser l'art de la cuisine saine et gourmande.

Au fil des pages de ce livre, nous vous emmènerons dans un voyage culinaire passionnant, où la polyvalence de la friteuse Ninja Foodi Dual Zone se dévoilera. De l'entrée au dessert, en passant par les plats principaux, les accompagnements et les en-cas, notre collection de 301 recettes a été soigneusement élaborée pour satisfaire tous les palais, quelles que soient vos préférences alimentaires. Nous avons créé des plats qui célèbrent la variété des saveurs, des textures et des cuisines du monde, tout en veillant à ce qu'ils soient équilibrés et adaptés à un mode de vie sain.

Que vous soyez un amateur de cuisine chevronné ou un novice en quête d'inspiration, ce livre vous offre des recettes simples à suivre, accompagnées d'instructions détaillées et d'astuces pratiques pour réussir à chaque fois. Vous apprendrez à maîtriser les différentes fonctions de votre friteuse Ninja Foodi Dual Zone, que ce soit pour cuire à la perfection des légumes croquants, des viandes juteuses, des poissons tendres, des desserts moelleux ou des en-cas croustillants.

Mais ce livre ne se limite pas aux recettes. Nous vous offrons également des informations précieuses sur les avantages d'une alimentation saine, les astuces pour réduire la consommation de matières grasses, et des conseils pour optimiser l'utilisation de votre friteuse à air. Nous croyons fermement que manger sainement ne signifie pas sacrifier le plaisir de la bonne cuisine, et nous souhaitons vous montrer comment les deux peuvent coexister harmonieusement.

Préparez-vous à explorer un monde de saveurs et à révolutionner votre façon de cuisiner avec la friteuse à air Ninja Foodi Dual Zone. Que vous cherchiez des idées pour des repas rapides en semaine, des plats spectaculaires pour des occasions spéciales ou simplement des recettes saines pour toute la famille, ce livre est votre guide essentiel pour une cuisine délicieuse et équilibrée.

Que votre objectif soit de manger plus sainement, de gagner du temps en cuisine ou simplement de ravir vos papilles, ce livre vous accompagnera dans votre voyage culinaire et vous inspirera à créer des plats exceptionnels à chaque repas.

# Entrées

# 1. Ailes de poulet croustillantes

**Ingrédients : pour 4 personnes**
- 800 g d'ailes de poulet
- 30 ml d'huile d'olive
- 10 g de paprika
- 5 g de sel
- 5 g de poivre

**Préparation :**
1. Mélangez les ailes de poulet avec l'huile d'olive, le paprika, le sel et le poivre.
2. Placez-les dans la friteuse à air à 180°C pendant 20-25 minutes jusqu'à ce qu'elles soient dorées et croustillantes.

# 2. Beignets d'oignon

**Ingrédients : pour 4 personnes**
- 2 oignons moyens, tranchés
- 150 g de farine
- 5 g de levure chimique
- 2 g de sel
- 250 ml d'eau gazeuse

**Préparation :**
1. Mélangez la farine, la levure chimique, le sel et l'eau gazeuse pour obtenir une pâte légère.
2. Enrobez les tranches d'oignon de pâte et faites-les frire à 190°C pendant 4-5 minutes jusqu'à ce qu'elles soient dorées.

# 3. Rouleaux de printemps au poulet

**Ingrédients : pour 4 personnes**
- 200 g de poulet cuit et coupé en lanières
- 100 g de vermicelles de riz cuits
- 8 feuilles de riz + 1 carotte, en julienne
- 1 concombre, en julienne
- 30 ml de sauce soja

**Préparation :**
1. Trempez les feuilles de riz dans de l'eau tiède pendant 30 secondes pour les ramollir.
2. Placez une feuille de riz sur une surface de travail et garnissez-la de poulet, de vermicelles de riz, de carotte, de concombre et de sauce soja.
3. Pliez les côtés et roulez le tout. Faites cuire à 180°C pendant 6-8 minutes jusqu'à ce qu'ils soient croustillants.

# 4. Croquettes de crevettes

**Ingrédients : pour 4 personnes**
- 300 g de crevettes cuites, décortiquées et hachées
- 200 g de pommes de terre cuites et écrasées
- 1 œuf
- 30 g de chapelure
- 5 g de paprika

**Préparation :**
1. Mélangez les crevettes, les pommes de terre, l'œuf, la chapelure et le paprika.
2. Formez des croquettes et faites-les frire à 190°C pendant 5-7 minutes jusqu'à ce qu'elles soient dorées.

# 5. Champignons farcis au fromage

**Ingrédients : pour 4 personnes**
- 200 g de champignons
- 100 g de fromage à la crème
- 30 g de parmesan râpé
- 2 gousses d'ail, hachées
- 5 ml d'huile d'olive

**Préparation :**
1. Retirez les queues des champignons et mélangez-les avec le fromage à la crème, le parmesan et l'ail.
2. Farcissez les champignons avec ce mélange et arrosez-les d'huile d'olive. Cuisez à 180°C pendant 10-12 minutes jusqu'à ce qu'ils soient dorés.

# 6. Nuggets de poulet au parmesan

**Ingrédients : pour 4 personnes**
- 400 g de filets de poulet, coupés en morceaux
- 100 g de parmesan râpé
- 100 g de chapelure
- 1 œuf
- 5 g de paprika

**Préparation :**
1. Mélangez le parmesan, la chapelure et le paprika.
2. Enrobez les morceaux de poulet dans l'œuf battu, puis dans le mélange de parmesan et de chapelure.
3. Faites cuire à 200°C pendant 10-12 minutes jusqu'à ce qu'ils soient bien dorés.

# 7. Boulettes de viande au curry

**Ingrédients : pour 4 personnes**
- 300 g de viande hachée
- 1 oignon, haché
- 5 g de curry en poudre
- 5 g de sel
- 2 œufs

**Préparation :**
1. Mélangez la viande hachée, l'oignon, le curry, le sel et les œufs.
2. Formez des boulettes et faites-les cuire à 190°C pendant 8-10 minutes jusqu'à ce qu'elles soient bien cuites.

# 8. Beignets de calamars

**Ingrédients : pour 4 personnes**
- 300 g de calamars, coupés en anneaux
- 150 g de farine
- 5 g de sel
- 250 ml de lait

**Préparation :**
1. Mélangez la farine, le sel et le lait pour obtenir une pâte lisse.
2. Enrobez les anneaux de calamar dans la pâte et faites-les frire à 180°C pendant 4-5 minutes jusqu'à ce qu'ils soient croustillants.

# 9. Tofu croustillant aux légumes

**Ingrédients : pour 4 personnes**
- 300 g de tofu, coupé en cubes
- 100 g de maïzena
- 5 g de sel
- 2 carottes, julienne
- 1 poivron rouge, coupé en lanières

**Préparation :**
1. Enrobez les cubes de tofu dans la maïzena et le sel.
2. Faites-les cuire à 200°C pendant 12-15 minutes jusqu'à ce qu'ils soient croustillants.

# 10. Jalapeños farcis au fromage

**Ingrédients : pour 4 personnes**
- 12 jalapeños frais
- 100 g de fromage à la crème
- 50 g de cheddar râpé
- 2 gousses d'ail, hachées
- 5 g de paprika

**Préparation :**
1. Coupez le haut des jalapeños et retirez les graines.
2. Mélangez le fromage à la crème, le cheddar, l'ail et le paprika.
3. Farcissez les jalapeños avec ce mélange et faites-les cuire à 180°C pendant 8-10 minutes jusqu'à ce qu'ils soient dorés.

# 11. Churros

**Ingrédients : pour 4 personnes**
- 200 g de farine
- 5 g de sel
- 250 ml d'eau
- 30 ml d'huile d'olive
- Sucre en poudre pour saupoudrer

**Préparation :**
1. Mélangez la farine, le sel, l'eau et l'huile pour obtenir une pâte lisse.
2. Placez la pâte dans une poche à douille avec une douille étoilée.
3. Formez des bâtonnets de pâte et faites-les frire à 190°C pendant 3-4 minutes jusqu'à ce qu'ils soient dorés. Saupoudrez de sucre en poudre.

# 12. Rondelles d'oignon à la bière

**Ingrédients : pour 4 personnes**
- 2 oignons, coupés en rondelles
- 200 g de farine
- 5 g de sel
- 250 ml de bière

**Préparation :**
1. Mélangez la farine, le sel et la bière pour obtenir une pâte légère.
2. Enrobez les rondelles d'oignon dans la pâte et faites-les frire à 190°C pendant 4-5 minutes jusqu'à ce qu'elles soient dorées.

# 13. Samoussas aux légumes

**Ingrédients : pour 4 personnes**
- 200 g de feuilles de brick
- 2 pommes de terre, cuites et écrasées
- 100 g de petits pois cuits
- 1 carotte, râpée
- 5 g de cumin en poudre

**Préparation :**
1. Coupez les feuilles de brick en triangles.
2. Mélangez les pommes de terre, les petits pois, la carotte et le cumin.
3. Placez une cuillerée du mélange au centre de chaque triangle et pliez-les en samoussas. Faites cuire à 180°C pendant 8-10 minutes jusqu'à ce qu'ils soient dorés.

# 14. Brochettes de crevettes marinées

**Ingrédients : pour 4 personnes**
- 16 crevettes décortiquées
- 30 ml d'huile d'olive
- 5 g de paprika + 5 g de sel
- 2 citrons, jus et zeste

**Préparation :**
1. Mélangez l'huile d'olive, le paprika, le sel, le jus et le zeste de citron.
2. Enfilez les crevettes sur des brochettes et badigeonnez-les de marinade.
3. Faites cuire à 200°C pendant 4-5 minutes jusqu'à ce qu'elles soient roses et cuites.

# 15. Croquettes de jambon et de fromage

**Ingrédients : pour 4 personnes**
- 200 g de jambon cuit, haché
- 100 g de fromage râpé
- 2 pommes de terre, cuites et écrasées
- 1 œuf

**Préparation :**
1. Mélangez le jambon, le fromage, les pommes de terre et l'œuf.
2. Formez des croquettes et faites-les cuire à 180°C pendant 5-7 minutes jusqu'à ce qu'elles soient dorées.

# 16. Frites de patates douces

**Ingrédients : pour 4 personnes**
- 400 g de patates douces, coupées en frites
- 30 ml d'huile d'olive
- 5 g de paprika
- 5 g de sel

**Préparation :**
1. Mélangez les frites de patates douces avec l'huile d'olive, le paprika et le sel.
2. Faites cuire à 190°C pendant 12-15 minutes jusqu'à ce qu'elles soient croustillantes.

# 17. Roulés de saumon fumé au fromage

**Ingrédients : pour 4 personnes**
- 4 tranches de saumon fumé
- 100 g de fromage à la crème
- 1 concombre, coupé en lanières
- 5 ml de jus de citron

**Préparation :**
1. Étalez une tranche de saumon fumé, tartinez de fromage à la crème et ajoutez des lanières de concombre.
2. Enroulez le saumon et faites cuire à 180°C pendant 3-4 minutes jusqu'à ce qu'il soit légèrement chaud.

# 18. Rouleaux de printemps aux crevettes

**Ingrédients : pour 4 personnes**
- 12 feuilles de riz + 200 g de crevettes cuites
- 100 g de vermicelles de riz cuits
- 1 carotte, julienne + 1 concombre, julienne
- 30 ml de sauce aux arachides

**Préparation :**
1. Trempez les feuilles de riz dans de l'eau tiède pendant 30 secondes pour les ramollir.
2. Placez une feuille de riz sur une surface de travail et garnissez-la de crevettes, de vermicelles de riz, de carotte, de concombre et de sauce aux arachides.
3. Pliez les côtés et roulez le tout. Faites cuire à 180°C pendant 6-8 minutes jusqu'à ce qu'ils soient croustillants.

# 19. Boulettes de viande aux légumes

**Ingrédients : pour 4 personnes**
- 300 g de viande hachée
- 1 courgette, râpée
- 1 carotte, râpée
- 1 oignon, haché
- 5 g de sel

**Préparation :**
1. Mélangez la viande hachée, la courgette, la carotte, l'oignon et le sel.
2. Formez des boulettes et faites-les cuire à 190°C pendant 8-10 minutes jusqu'à ce qu'elles soient bien cuites.

# 20. Nachos au fromage

**Ingrédients : pour 4 personnes**
- 200 g de chips de maïs
- 150 g de fromage râpé
- 100 g de salsa
- 50 g d'olives noires tranchées

**Préparation :**
1. Disposez les chips de maïs dans un plat allant au four, saupoudrez de fromage râpé et d'olives.
2. Faites cuire à 180°C pendant 5-7 minutes jusqu'à ce que le fromage soit fondu.
3. Servez avec de la salsa.

# 21. Bâtonnets de courgette panés

**Ingrédients : pour 4 personnes**
- 2 courgettes, coupées en bâtonnets
- 150 g de chapelure
- 5 g de paprika
- 5 g de sel
- 2 œufs

**Préparation :**
1. Mélangez la chapelure, le paprika et le sel.
2. Enrobez les bâtonnets de courgette dans les œufs battus, puis dans le mélange de chapelure.
3. Faites cuire à 190°C pendant 4-5 minutes jusqu'à ce qu'ils soient croustillants.

## 22. Boulettes de thon et de pommes de terre

**Ingrédients : pour 4 personnes**
- 200 g de thon en conserve, égoutté
- 2 pommes de terre, cuites et écrasées
- 1 œuf + 30 g de chapelure
- 5 ml de jus de citron

**Préparation :**
1. Mélangez le thon, les pommes de terre, l'œuf, la chapelure et le jus de citron.
2. Formez des boulettes et faites-les cuire à 180°C pendant 5-7 minutes jusqu'à ce qu'elles soient dorées.

## 23. Ailes de poulet au miel et à la moutarde

**Ingrédients : pour 4 personnes**
- 800 g d'ailes de poulet + 30 ml d'huile d'olive
- 30 ml de miel + 15 ml de moutarde
- 5 g de sel + 5 g de poivre

**Préparation :**
1. Mélangez l'huile d'olive, le miel, la moutarde, le sel et le poivre.
2. Enrobez les ailes de poulet avec cette sauce et faites-les cuire à 180°C pendant 20-25 minutes jusqu'à ce qu'elles soient dorées.

## 24. Feuilletés au fromage de chèvre et aux épinards

**Ingrédients : pour 4 personnes**
- 200 g de fromage de chèvre
- 100 g d'épinards cuits + 4 feuilles de pâte feuilletée
- 5 ml de miel

**Préparation :**
1. Étalez le fromage de chèvre sur les feuilles de pâte feuilletée, ajoutez les épinards et arrosez de miel.
2. Pliez les feuilles en triangles et faites cuire à 180°C pendant 12-15 minutes jusqu'à ce qu'ils soient dorés.

# 25. Beignets de maïs

### Ingrédients : pour 4 personnes
- 200 g de maïs en conserve
- 100 g de farine de maïs
- 5 g de sel
- 2 œufs
- 30 ml de lait

### Préparation :
1. Mélangez le maïs, la farine de maïs, le sel, les œufs et le lait pour obtenir une pâte.
2. Formez des petites boules et faites-les frire à 190°C pendant 3-4 minutes jusqu'à ce qu'elles soient dorées.

# 26. Croquettes de saumon

### Ingrédients : pour 4 personnes
- 200 g de saumon cuit, émietté
- 100 g de pommes de terre cuites et écrasées
- 1 œuf
- 30 g de chapelure
- 5 ml de jus de citron

### Préparation :
1. Mélangez le saumon, les pommes de terre, l'œuf, la chapelure et le jus de citron.
2. Formez des croquettes et faites-les cuire à 180°C pendant 5-7 minutes jusqu'à ce qu'elles soient dorées.

# 27. Boulettes de légumes

### Ingrédients : pour 4 personnes
- 2 courgettes, râpées
- 2 carottes, râpées
- 100 g de feta émiettée
- 2 œufs
- 30 g de chapelure

### Préparation :
1. Mélangez les courgettes, les carottes, la feta, les œufs et la chapelure.
2. Formez des boulettes et faites-les cuire à 180°C pendant 8-10 minutes jusqu'à ce qu'elles soient bien cuites.

# 28. Aubergines panées

## Ingrédients : pour 4 personnes
- 2 aubergines, coupées en tranches
- 150 g de chapelure
- 5 g de paprika
- 5 g de sel
- 2 œufs

## Préparation :
1. Mélangez la chapelure, le paprika et le sel.
2. Enrobez les tranches d'aubergine dans les œufs battus, puis dans le mélange de chapelure.
3. Faites cuire à 190°C pendant 8-10 minutes jusqu'à ce qu'elles soient bien cuites.

# 29. Boulettes de viande de porc à la sauce aigre-douce

## Ingrédients : pour 4 personnes
- 300 g de viande de porc hachée
- 1 poivron rouge, haché
- 1 oignon, haché
- 30 ml de sauce soja
- 5 ml de vinaigre de riz
- 30 ml de ketchup
- 5 g de sucre

## Préparation :
1. Mélangez la viande de porc, le poivron, l'oignon, la sauce soja, le vinaigre de riz, le ketchup et le sucre.
2. Formez des boulettes et faites-les cuire à 190°C pendant 8-10 minutes jusqu'à ce qu'elles soient bien cuites.

# Petit-déjeuner

# 30. Croissants au jambon et au fromage

### Ingrédients : pour 4 personnes
- 4 croissants
- 4 tranches de jambon
- 4 tranches de fromage

### Préparation :
1. Coupez les croissants en deux et garnissez-les de jambon et de fromage.
2. Faites cuire à 180°C pendant 3-4 minutes jusqu'à ce que le fromage soit fondu.

# 31. Pain perdu

### Ingrédients : pour 4 personnes
- 4 tranches de pain
- 2 œufs
- 100 ml de lait
- 5 g de cannelle
- 5 g de sucre

### Préparation :
1. Battez les œufs, le lait, la cannelle et le sucre.
2. Trempez les tranches de pain dans ce mélange et faites cuire à 180°C pendant 3-4 minutes de chaque côté.

# 32. Croustilles de pommes de terre au bacon

### Ingrédients : pour 4 personnes
- 2 pommes de terre, coupées en fines tranches
- 4 tranches de bacon, coupées en morceaux
- 2 œufs
- 30 g de fromage râpé

### Préparation :
1. Mélangez les tranches de pommes de terre, le bacon, les œufs et le fromage râpé.
2. Formez des galettes et faites cuire à 180°C pendant 6-8 minutes de chaque côté.

# 33. Omelette aux légumes

### Ingrédients : pour 4 personnes
- 4 œufs
- 1 poivron rouge, coupé en dés
- 1 oignon, haché
- 50 g de champignons, tranchés
- 30 g de fromage râpé

### Préparation :
1. Battez les œufs et ajoutez les légumes et le fromage.
2. Versez le mélange dans la friteuse à air à 180°C pendant 5-7 minutes jusqu'à ce qu'il soit bien cuit.

# 34. Croustilles de patates douces

### Ingrédients : pour 4 personnes
- 2 patates douces, coupées en fines tranches
- 30 ml d'huile d'olive
- 5 g de sel
- 5 g de paprika

### Préparation :
1. Mélangez les tranches de patates douces avec l'huile d'olive, le sel et le paprika.
2. Faites cuire à 190°C pendant 10-12 minutes jusqu'à ce qu'elles soient croustillantes.

# 35. Pancakes aux myrtilles

### Ingrédients : pour 4 personnes
- 200 g de farine
- 10 g de sucre
- 5 g de levure chimique
- 2 œufs
- 250 ml de lait
- 100 g de myrtilles

### Préparation :
1. Mélangez la farine, le sucre, la levure, les œufs et le lait.
2. Incorporez les myrtilles et faites cuire des petits pancakes à 180°C pendant 2-3 minutes de chaque côté.

# 36. Muffins aux œufs et au bacon

**Ingrédients : pour 4 personnes**
- 4 œufs
- 4 tranches de bacon, coupées en morceaux
- 30 g de fromage râpé
- 30 ml de lait

**Préparation :**
1. Battez les œufs, ajoutez le bacon, le fromage et le lait.
2. Versez le mélange dans des moules à muffins et faites cuire à 180°C pendant 8-10 minutes jusqu'à ce qu'ils soient gonflés.

# 37. Tartelettes aux fruits

**Ingrédients : pour 4 personnes**
- 1 pâte feuilletée
- 200 g de yaourt à la vanille
- 100 g de fraises, tranchées
- 100 g de kiwis, tranchés
- 5 ml de miel

**Préparation :**
1. Découpez la pâte feuilletée en petits cercles et placez-les dans la friteuse à air.
2. Faites cuire à 180°C pendant 5-7 minutes jusqu'à ce qu'ils soient dorés.
3. Garnissez de yaourt et de fruits, puis arrosez de miel.

# 38. Croustillants au chocolat

**Ingrédients : pour 4 personnes**
- 4 tranches de pain de mie
- 100 g de chocolat noir, haché
- 2 œufs
- 30 ml de lait

**Préparation :**
1. Faites fondre le chocolat au micro-ondes.
2. Battez les œufs, ajoutez le lait et le chocolat fondu.
3. Trempez les tranches de pain de mie dans le mélange et faites cuire à 180°C pendant 3-4 minutes de chaque côté.

# 39. Cinnamon rolls

**Ingrédients : pour 4 personnes**
- 1 rouleau de pâte à croissants
- 30 g de beurre fondu
- 5 g de cannelle
- 30 g de sucre brun

**Préparation :**
1. Étalez la pâte à croissants en un rectangle.
2. Badigeonnez de beurre fondu, saupoudrez de cannelle et de sucre brun.
3. Roulez la pâte et coupez en tranches.
4. Faites cuire à 180°C pendant 6-8 minutes jusqu'à ce qu'ils soient dorés.

# 40. Crêpes au Nutella

**Ingrédients : pour 4 personnes**
- 200 g de farine
- 5 g de sucre
- 2 œufs
- 250 ml de lait
- 30 g de Nutella

**Préparation :**
1. Mélangez la farine, le sucre, les œufs et le lait pour obtenir une pâte lisse.
2. Faites cuire des crêpes à la friteuse à air à 180°C pendant 2-3 minutes de chaque côté.
3. Garnissez de Nutella.

# 41. Petits pains aux raisins

**Ingrédients : pour 4 personnes**
- 4 petits pains aux raisins
- 30 g de sucre glace
- 30 ml d'eau

**Préparation :**
1. Mélangez le sucre glace et l'eau pour obtenir un glaçage.
2. Versez le glaçage sur les petits pains aux raisins et faites cuire à 180°C pendant 3-4 minutes jusqu'à ce qu'ils soient dorés.

# 42. Galettes de pommes de terre

**Ingrédients : pour 4 personnes**
- 2 pommes de terre, râpées
- 2 œufs
- 5 g de sel
- 5 g de poivre

**Préparation :**
1. Mélangez les pommes de terre râpées, les œufs, le sel et le poivre.
2. Formez des galettes et faites cuire à 190°C pendant 4-5 minutes de chaque côté.

# 43. Biscuits à la cannelle

**Ingrédients : pour 4 personnes**
- 200 g de farine
- 5 g de levure chimique
- 5 g de cannelle
- 30 g de sucre
- 2 œufs

**Préparation :**
1. Mélangez la farine, la levure chimique, la cannelle, le sucre et les œufs pour obtenir une pâte.
2. Formez des biscuits et faites cuire à 180°C pendant 4-5 minutes jusqu'à ce qu'ils soient dorés.

# 44. Boulettes de porridge

**Ingrédients : pour 4 personnes**
- 200 g de flocons d'avoine
- 30 g de miel
- 30 g de noix hachées
- 30 g de raisins secs

**Préparation :**
1. Mélangez les flocons d'avoine, le miel, les noix hachées et les raisins secs.
2. Formez des boulettes et faites cuire à 180°C pendant 4-5 minutes jusqu'à ce qu'elles soient dorées.

## 45. Tartinade de saumon fumé

**Ingrédients : pour 4 personnes**
- 100 g de saumon fumé
- 100 g de fromage à la crème
- 5 ml de jus de citron
- Ciboulette hachée

**Préparation :**
1. Mélangez le saumon fumé, le fromage à la crème, le jus de citron et la ciboulette.
2. Tartinez sur des toasts et faites cuire à 180°C pendant 2-3 minutes jusqu'à ce qu'ils soient chauds.

## 46. Petits pains aux pépites de chocolat

**Ingrédients : pour 4 personnes**
- 4 petits pains
- 30 g de pépites de chocolat

**Préparation :**
1. Incorporez les pépites de chocolat dans les petits pains.
2. Faites cuire à 180°C pendant 3-4 minutes jusqu'à ce qu'ils soient chauds et que le chocolat soit fondu.

## 47. Barres de granola

**Ingrédients : pour 4 personnes**
- 200 g de flocons d'avoine
- 50 g de noix hachées
- 50 g de miel
- 30 g de pépites de chocolat

**Préparation :**
1. Mélangez les flocons d'avoine, les noix hachées, le miel et les pépites de chocolat.
2. Formez des barres et faites cuire à 180°C pendant 5-7 minutes jusqu'à ce qu'elles soient dorées.

# 48. Pain aux bananes

### Ingrédients : pour 4 personnes
- 2 bananes écrasées
- 200 g de farine
- 5 g de levure chimique
- 30 g de sucre
- 2 œufs

### Préparation :
1. Mélangez les bananes écrasées, la farine, la levure chimique, le sucre et les œufs.
2. Faites cuire à 180°C pendant 12-15 minutes jusqu'à ce qu'il soit doré.

# 49. Chaussons aux pommes

### Ingrédients : pour 4 personnes
- 2 pâtes feuilletées
- 2 pommes, coupées en dés
- 30 g de sucre
- 5 g de cannelle

### Préparation :
1. Mélangez les dés de pommes avec le sucre et la cannelle.
2. Placez le mélange sur la moitié de chaque pâte feuilletée, pliez en deux et scellez les bords.
3. Faites cuire à 180°C pendant 8-10 minutes jusqu'à ce qu'ils soient dorés.

# 50. Petits sandwichs déjeuners

### Ingrédients : pour 4 personnes
- 4 petits pains à sandwich
- 4 tranches de jambon
- 4 tranches de fromage
- Laitue + Tomate + Mayonnaise

### Préparation :
1. Assemblez les sandwichs en plaçant une tranche de jambon, une tranche de fromage, de la laitue et des rondelles de tomate entre les petits pains.
2. Faites cuire les sandwichs à 180°C pendant 2-3 minutes pour les réchauffer.

# 51. Muffins aux myrtilles et à la noix de coco

**Ingrédients : pour 4 personnes**
- 200 g de farine + 5 g de levure chimique
- 50 g de sucre + 100 g de myrtilles fraîches
- 30 g de noix de coco râpée
- 2 œufs + 250 ml de lait de coco

**Préparation :**
1. Mélangez la farine, la levure chimique, le sucre, les myrtilles et la noix de coco.
2. Dans un autre bol, battez les œufs et le lait de coco.
3. Incorporez les ingrédients liquides aux ingrédients secs et mélangez.
4. Remplissez des moules à muffins et faites cuire à 180°C pendant 12-15 minutes jusqu'à ce qu'ils soient dorés.

# 52. Boulettes de saucisse au sirop d'érable

**Ingrédients : pour 4 personnes**
- 300 g de saucisses de porc, découpées en morceaux
- 30 ml de sirop d'érable + 5 g de paprika
- 5 g de sel

**Préparation :**
1. Mélangez les morceaux de saucisse, le sirop d'érable, le paprika et le sel.
2. Formez des boulettes et faites cuire à 180°C pendant 8-10 minutes jusqu'à ce qu'elles soient bien cuites.

# 53. Smoothie bowl aux fruits et granola

**Ingrédients : pour 4 personnes**
- 200 g de yaourt à la vanille + 100 g de fraises, tranchées
- 100 g de bananes, tranchées + 30 g de granola + 5 ml de miel

**Préparation :**
1. Versez le yaourt dans un bol.
2. Garnissez avec les fraises, les bananes, le granola et le miel.
3. Faites cuire à 180°C pendant 2-3 minutes pour réchauffer légèrement.

# 54. Tartinade d'avocat et de saumon fumé

**Ingrédients : pour 4 personnes**
- 1 avocat, écrasé
- 100 g de saumon fumé
- Jus de citron + Ciboulette hachée

**Préparation :**
1. Étalez l'avocat écrasé sur des toasts.
2. Ajoutez des tranches de saumon fumé.
3. Arrosez de jus de citron et saupoudrez de ciboulette.
4. Faites cuire à 180°C pendant 2-3 minutes pour réchauffer légèrement.

# 55. Crêpes aux pépites de chocolat et aux framboises

**Ingrédients : pour 4 personnes**
- 200 g de farine + 5 g de sucre
- 2 œufs + 250 ml de lait
- 50 g de pépites de chocolat
- 100 g de framboises fraîches

**Préparation :**
1. Mélangez la farine, le sucre, les œufs et le lait pour obtenir une pâte lisse.
2. Incorporez les pépites de chocolat et les framboises.
3. Faites cuire des crêpes à la friteuse à air à 180°C pendant 2-3 minutes de chaque côté.

# 56. Beignets au sucre et à la cannelle

**Ingrédients : pour 4 personnes**
- 4 beignets
- 30 g de sucre
- 5 g de cannelle

**Préparation :**
1. Mélangez le sucre et la cannelle.
2. Roulez les beignets dans ce mélange pour les enrober.
3. Faites cuire à 180°C pendant 2-3 minutes pour réchauffer légèrement.

# 57. Pain grillé à l'avocat et à l'œuf poché

**Ingrédients : pour 4 personnes**
- 2 tranches de pain complet + 1 avocat, écrasé
- 2 œufs pochés + Sel et poivre

**Préparation :**
1. Tartinez le pain avec de l'avocat écrasé. Disposez les œufs pochés par-dessus.
2. Assaisonnez avec du sel et du poivre.
3. Faites cuire à 180°C pendant 2-3 minutes pour réchauffer légèrement.

# 58. Bagels au saumon fumé et à la crème fraîche

**Ingrédients : pour 4 personnes**
- 2 bagels + 100 g de saumon fumé
- 50 g de crème fraîche + Aneth frais haché

**Préparation :**
1. Coupez les bagels en deux et faites-les légèrement griller.
2. Tartinez chaque moitié avec de la crème fraîche.
3. Disposez des tranches de saumon fumé par-dessus.
4. Saupoudrez d'aneth frais haché.
5. Faites cuire à 180°C pendant 2-3 minutes pour réchauffer légèrement.

# 59. Biscuits à la cannelle et aux pommes

**Ingrédients : pour 4 personnes**
- 200 g de farine + 5 g de levure chimique + 5 g de cannelle + 30 g de sucre
- 2 pommes, pelées, épépinées et coupées en dés
- 2 œufs

**Préparation :**
1. Mélangez la farine, la levure chimique, la cannelle, le sucre et les dés de pommes.
2. Dans un autre bol, battez les œufs.
3. Incorporez les ingrédients liquides aux ingrédients secs et mélangez pour obtenir une pâte. Formez des biscuits et placez-les dans la friteuse à air à 180°C pendant 4-5 minutes de chaque côté jusqu'à ce qu'ils soient dorés.

# Déjeuner

# 60. Poulet croustillant

### Ingrédients : pour 4 personnes
- 4 cuisses de poulet
- 30 ml d'huile d'olive
- 5 g de paprika
- 5 g de sel
- 5 g de poivre

### Préparation :
1. Mélangez l'huile d'olive, le paprika, le sel et le poivre.
2. Badigeonnez les cuisses de poulet avec ce mélange.
3. Faites cuire à 180°C pendant 25-30 minutes jusqu'à ce qu'elles soient dorées et croustillantes.

# 61. Boulettes de viande

### Ingrédients : pour 4 personnes
- 300 g de viande hachée
- 1 oignon, haché
- 30 g de chapelure
- 5 g de sel
- 5 g de poivre

### Préparation :
1. Mélangez la viande hachée, l'oignon, la chapelure, le sel et le poivre.
2. Formez des boulettes et faites cuire à 180°C pendant 12-15 minutes jusqu'à ce qu'elles soient bien cuites.

# 62. Ailes de poulet Buffalo

### Ingrédients : pour 4 personnes
- 800 g d'ailes de poulet
- 30 ml d'huile d'olive
- 30 g de sauce piquante
- 5 g de sel
- 5 g de poivre

### Préparation :
1. Mélangez l'huile d'olive, la sauce piquante, le sel et le poivre.
2. Enrobez les ailes de poulet avec cette sauce et faites-les cuire à 180°C pendant 20-25 minutes jusqu'à ce qu'elles soient dorées et croustillantes.

# 63. Nuggets de poulet

**Ingrédients : pour 4 personnes**
- 400 g de blancs de poulet, coupés en morceaux
- 100 g de chapelure
- 2 œufs
- 5 g de sel
- 5 g de poivre

**Préparation :**
1. Mélangez la chapelure, le sel et le poivre.
2. Enrobez les morceaux de poulet dans les œufs battus, puis dans le mélange de chapelure.
3. Faites cuire à 180°C pendant 10-12 minutes jusqu'à ce qu'ils soient dorés.

# 64. Poisson pané

**Ingrédients : pour 4 personnes**
- 4 filets de poisson
- 100 g de chapelure
- 5 g de sel
- 5 g de poivre
- 2 œufs

**Préparation :**
1. Mélangez la chapelure, le sel et le poivre.
2. Enrobez les filets de poisson dans les œufs battus, puis dans le mélange de chapelure.
3. Faites cuire à 180°C pendant 8-10 minutes jusqu'à ce qu'ils soient dorés.

# 65. Crevettes croustillantes à l'ail et au citron

**Ingrédients : pour 4 personnes**
- 300 g de crevettes décortiquées + 30 ml d'huile d'olive
- 2 gousses d'ail, hachées + Zeste de 1 citron
- 5 g de sel + 5 g de poivre

**Préparation :**
1. Mélangez l'huile d'olive, l'ail, le zeste de citron, le sel et le poivre.
2. Enrobez les crevettes avec cette sauce et faites-les cuire à 180°C pendant 5-7 minutes jusqu'à ce qu'elles soient croustillantes.

# 66. Pommes de terre rôties à l'ail et aux herbes

### Ingrédients : pour 4 personnes
- 4 pommes de terre, coupées en quartiers
- 30 ml d'huile d'olive + 2 gousses d'ail, hachées
- 5 g de thym séché + 5 g de romarin séché
- 5 g de sel + 5 g de poivre

### Préparation :
1. Mélangez l'huile d'olive, l'ail, le thym, le romarin, le sel et le poivre.
2. Enrobez les quartiers de pommes de terre avec cette sauce et faites-les cuire à 180°C pendant 15-20 minutes jusqu'à ce qu'ils soient dorés et tendres.

# 67. Aubergines parmesanes

### Ingrédients : pour 4 personnes
- 2 aubergines, coupées en tranches + 100 g de sauce tomate
- 100 g de fromage parmesan râpé + 30 g de chapelure
- 5 g de basilic frais, haché + 5 g de sel
- 5 g de poivre

### Préparation :
1. Mélangez la sauce tomate, la moitié du fromage parmesan, la chapelure, le basilic, le sel et le poivre.
2. Enrobez les tranches d'aubergine dans cette sauce et faites-les cuire à 180°C pendant 12-15 minutes jusqu'à ce qu'elles soient dorées et le fromage fondu.

# 68. Brochettes de poulet aux légumes

### Ingrédients : pour 4 personnes
- 400 g de poulet, coupé en morceaux
- 1 poivron rouge, coupé en dés
- 1 oignon rouge, coupé en dés
- 30 ml d'huile d'olive + 5 g de paprika
- 5 g de sel + 5 g de poivre

### Préparation :
1. Mélangez l'huile d'olive, le paprika, le sel et le poivre.
2. Enfilez les morceaux de poulet, de poivron et d'oignon sur des brochettes.
3. Badigeonnez les brochettes avec la sauce et faites-les cuire à 180°C pendant 12-15 minutes jusqu'à ce que le poulet soit bien cuit.

# 69. Crevettes à l'ail et au piment

## Ingrédients : pour 4 personnes
- 300 g de crevettes décortiquées
- 30 ml d'huile d'olive + 3 gousses d'ail, hachées
- 5 g de piment rouge émincé + 5 g de sel + 5 g de poivre

## Préparation :
1. Mélangez l'huile d'olive, l'ail, le piment, le sel et le poivre.
2. Enrobez les crevettes avec cette sauce et faites-les cuire à 180°C pendant 5-7 minutes jusqu'à ce qu'elles soient roses et parfumées.

# 70. Roulés d'aubergines à la mozzarella

## Ingrédients : pour 4 personnes
- 2 aubergines, coupées en tranches fines
- 200 g de mozzarella, coupée en lanières
- 100 g de jambon cru + 30 g de basilic frais, haché
- 30 ml d'huile d'olive + 5 g de sel
- 5 g de poivre

## Préparation :
1. Placez une lanière de mozzarella, une tranche de jambon cru et du basilic sur chaque tranche d'aubergine.
2. Enroulez les tranches d'aubergine autour des garnitures et fixez-les avec des cure-dents.
3. Badigeonnez les roulés d'aubergines avec l'huile d'olive, le sel et le poivre.
4. Faites cuire à 180°C pendant 12-15 minutes jusqu'à ce qu'ils soient dorés et que la mozzarella soit fondue.

# 71. Pain à l'ail

## Ingrédients : pour 4 personnes
- 4 tranches de pain
- 30 ml d'huile d'olive
- 5 g de sel + 5 g de poivre
- 3 gousses d'ail, hachées
- Persil frais haché

## Préparation :
1. Mélangez l'huile d'olive, le sel, le poivre, l'ail haché et le persil.
2. Badigeonnez les tranches de pain avec cette sauce.
3. Faites cuire à 180°C pendant 3-4 minutes jusqu'à ce qu'elles soient dorées et croustillantes.

# 72. Calamars frits

**Ingrédients : pour 4 personnes**
- 300 g de calamars, coupés en anneaux
- 100 g de farine + 5 g de sel
- 5 g de poivre + 5 g de paprika

**Préparation :**
1. Mélangez la farine, le sel, le poivre et le paprika.
2. Enrobez les anneaux de calamar dans ce mélange.
3. Faites cuire à 180°C pendant 4-5 minutes jusqu'à ce qu'ils soient dorés et croustillants.

# 73. Légumes grillés

**Ingrédients : pour 4 personnes**
- 1 courgette, coupée en rondelles
- 1 poivron rouge, coupé en lanières
- 1 oignon rouge, coupé en quartiers
- 30 ml d'huile d'olive + 5 g de thym séché
- 5 g de romarin séché + 5 g de sel + 5 g de poivre

**Préparation :**
1. Mélangez l'huile d'olive, le thym, le romarin, le sel et le poivre.
2. Enrobez les légumes avec cette sauce.
3. Faites cuire à 180°C pendant 10-12 minutes jusqu'à ce qu'ils soient tendres et légèrement grillés.

# 74. Nuggets de poisson

**Ingrédients : pour 4 personnes**
- 400 g de filets de poisson blanc, coupés en morceaux
- 100 g de chapelure
- 2 œufs + 5 g de sel
- 5 g de poivre

**Préparation :**
1. Mélangez la chapelure, le sel et le poivre.
2. Enrobez les morceaux de poisson dans les œufs battus, puis dans le mélange de chapelure.
3. Faites cuire à 180°C pendant 8-10 minutes jusqu'à ce qu'ils soient dorés et bien cuits.

# 75. Frites de patate douce

**Ingrédients : pour 4 personnes**
- 2 patates douces, coupées en bâtonnets
- 30 ml d'huile d'olive + 5 g de paprika
- 5 g de sel + 5 g de poivre

**Préparation :**
1. Mélangez l'huile d'olive, le paprika, le sel et le poivre.
2. Enrobez les bâtonnets de patate douce avec cette sauce.
3. Faites cuire à 180°C pendant 10-12 minutes jusqu'à ce qu'ils soient croustillants.

# 76. Steak de thon grillé

**Ingrédients : pour 4 personnes**
- 4 steaks de thon + 30 ml d'huile d'olive
- 5 g de paprika + 5 g de sel
- 5 g de poivre

**Préparation :**
1. Mélangez l'huile d'olive, le paprika, le sel et le poivre.
2. Badigeonnez les steaks de thon avec cette sauce.
3. Faites cuire à 180°C pendant 3-4 minutes de chaque côté pour une cuisson à point.

# 77. Côtes de porc marinées

**Ingrédients : pour 4 personnes**
- 4 côtes de porc
- 30 ml de sauce soja
- 30 ml de vinaigre balsamique
- 5 g de miel
- 5 g de sel
- 5 g de poivre

**Préparation :**
1. Mélangez la sauce soja, le vinaigre balsamique, le miel, le sel et le poivre pour faire la marinade.
2. Immergez les côtes de porc dans la marinade pendant au moins 30 minutes.
3. Faites cuire à 180°C pendant 10-12 minutes de chaque côté jusqu'à ce qu'elles soient bien cuites.

# 78. Poulet au citron et à l'ail

## Ingrédients : pour 4 personnes
- 4 poitrines de poulet + 30 ml d'huile d'olive
- Jus de 2 citrons + 5 gousses d'ail, hachées
- 5 g de thym frais + 5 g de sel + 5 g de poivre

## Préparation :
1. Mélangez l'huile d'olive, le jus de citron, l'ail haché, le thym, le sel et le poivre.
2. Enrobez les poitrines de poulet avec cette sauce.
3. Faites cuire à 180°C pendant 15-20 minutes jusqu'à ce qu'elles soient bien cuites.

# 79. Légumes farcis

## Ingrédients : pour 4 personnes
- 2 courgettes + 2 poivrons rouges
- 1 oignon + 200 g de viande hachée (bœuf ou dinde)
- 100 g de riz cuit + 30 g de tomates concassées
- 5 g d'origan séché + 5 g de sel + 5 g de poivre

## Préparation :
1. Coupez le dessus des courgettes et des poivrons, évidez-les.
2. Dans une poêle, faites revenir l'oignon, la viande hachée, le riz, les tomates concassées, l'origan, le sel et le poivre. Farcissez les légumes avec ce mélange.
3. Faites cuire à 180°C pendant 15-20 minutes jusqu'à ce que les légumes soient tendres.

# 80. Tacos au poulet

## Ingrédients : pour 4 personnes
- 400 g de poulet, coupé en lanières
- 30 ml d'huile d'olive + 5 g de paprika
- 5 g de cumin + 5 g de chili en poudre
- 5 g de sel + 5 g de poivre

## Préparation :
1. Mélangez l'huile d'olive, le paprika, le cumin, le chili en poudre, le sel et le poivre.
2. Enrobez les lanières de poulet avec cette sauce.
3. Faites cuire à 180°C pendant 8-10 minutes jusqu'à ce qu'elles soient bien cuites.

# 81. Légumes sautés au gingembre et à l'ail

**Ingrédients : pour 4 personnes**
- 1 brocoli, coupé en fleurettes
- 2 carottes, coupées en bâtonnets
- 1 poivron rouge, coupé en lanières
- 5 gousses d'ail, hachées + 5 g de gingembre frais, râpé
- 30 ml d'huile d'olive + 5 g de sel + 5 g de poivre

**Préparation :**
1. Mélangez l'huile d'olive, l'ail, le gingembre, le sel et le poivre.
2. Enrobez les légumes avec cette sauce.
3. Faites cuire à 180°C pendant 10-12 minutes jusqu'à ce qu'ils soient tendres et parfumés.

# 82. Boulettes de viande aux herbes

**Ingrédients : pour 4 personnes**
- 300 g de viande hachée + 30 g de persil frais, haché
- 30 g de menthe fraîche, hachée
- 5 g de cumin + 5 g de sel + 5 g de poivre

**Préparation :**
1. Mélangez la viande hachée, le persil, la menthe, le cumin, le sel et le poivre.
2. Formez des boulettes et faites cuire à 180°C pendant 10-12 minutes jusqu'à ce qu'elles soient bien cuites.

# 83. Maïs grillé au beurre à l'ail et au parmesan

**Ingrédients : pour 4 personnes**
- 4 épis de maïs, épluchés + 30 g de beurre fondu
- 5 gousses d'ail, hachées + 30 g de fromage parmesan râpé
- 5 g de sel + 5 g de poivre + Persil frais haché

**Préparation :**
1. Mélangez le beurre fondu, l'ail, le fromage parmesan, le sel et le poivre.
2. Badigeonnez les épis de maïs avec cette sauce.
3. Faites cuire à 180°C pendant 10-12 minutes jusqu'à ce qu'ils soient dorés.
4. Saupoudrez de persil frais haché avant de servir.

# 84. Raviolis frits au fromage

**Ingrédients : pour 4 personnes**
- 250 g de raviolis au fromage
- 100 g de chapelure
- 2 œufs + 5 g de sel
- 5 g de poivre

**Préparation :**
1. Mélangez la chapelure, le sel et le poivre.
2. Enrobez les raviolis dans les œufs battus, puis dans le mélange de chapelure.
3. Faites cuire à 180°C pendant 4-5 minutes jusqu'à ce qu'ils soient dorés et croustillants.

# 85. Côtelettes d'agneau à la menthe

**Ingrédients : pour 4 personnes**
- 4 côtelettes d'agneau + 30 ml d'huile d'olive
- 30 g de menthe fraîche, hachée
- Zeste de 1 citron + 5 g de sel + 5 g de poivre

**Préparation :**
1. Mélangez l'huile d'olive, la menthe, le zeste de citron, le sel et le poivre.
2. Badigeonnez les côtelettes d'agneau avec cette sauce.
3. Faites cuire à 180°C pendant 8-10 minutes de chaque côté pour une cuisson à point.

# 86. Champignons farcis au fromage de chèvre

**Ingrédients : pour 4 personnes**
- 8 gros champignons, évidés + 100 g de fromage de chèvre frais
- 30 g de noix hachées + 5 g de thym frais
- 5 g de sel + 5 g de poivre

**Préparation :**
1. Mélangez le fromage de chèvre, les noix, le thym, le sel et le poivre.
2. Farcissez les champignons avec ce mélange.
3. Faites cuire à 180°C pendant 8-10 minutes jusqu'à ce qu'ils soient dorés et que le fromage soit fondant.

# 87. Crevettes à la noix de coco et au curry

**Ingrédients : pour 4 personnes**
- 300 g de crevettes décortiquées
- 100 g de noix de coco râpée
- 30 ml de lait de coco + 5 g de curry en poudre
- 5 g de sel + 5 g de poivre

**Préparation :**
1. Mélangez la noix de coco râpée, le lait de coco, le curry en poudre, le sel et le poivre.
2. Enrobez les crevettes avec cette sauce.
3. Faites cuire à 180°C pendant 4-5 minutes jusqu'à ce qu'elles soient dorées et croustillantes.

# 88. Poulet au beurre

**Ingrédients : pour 4 personnes**
- 4 morceaux de poulet + 30 ml de beurre fondu
- 30 ml de crème épaisse + 5 g de curcuma
- 5 g de paprika + 5 g de sel
- 5 g de poivre

**Préparation :**
1. Mélangez le beurre fondu, la crème épaisse, le curcuma, le paprika, le sel et le poivre.
2. Badigeonnez les morceaux de poulet avec cette sauce.
3. Faites cuire à 180°C pendant 15-20 minutes jusqu'à ce qu'ils soient bien cuits.

# 89. Brochettes de légumes et de poulet

**Ingrédients : pour 4 personnes**
- 400 g de poulet, coupé en cubes + 1 poivron rouge, coupé en lanières
- 1 poivron vert, coupé en lanières + 1 oignon, coupé en quartiers
- 30 ml d'huile d'olive + 5 g de paprika + 5 g de sel + 5 g de poivre

**Préparation :**
1. Mélangez l'huile d'olive, le paprika, le sel et le poivre.
2. Enfilez les morceaux de poulet et les légumes sur des brochettes.
3. Badigeonnez les brochettes avec la sauce et faites-les cuire à 180°C pendant 12-15 minutes jusqu'à ce que le poulet soit bien cuit et les légumes tendres.

# Légumes rôtis variés

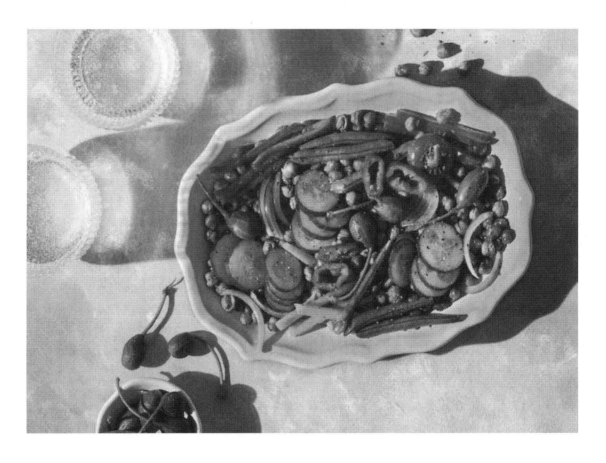

# 90. Légumes rôtis classiques

**Ingrédients : pour 4 personnes**
- 500 g de mélange de légumes (carottes, courgettes, poivrons, oignons)
- 30 ml d'huile d'olive
- 5 g d'herbes de Provence
- 5 g de sel
- 5 g de poivre

**Préparation :**
1. Mélangez les légumes avec l'huile d'olive, les herbes de Provence, le sel et le poivre.
2. Faites cuire à 200°C pendant 15-20 minutes jusqu'à ce qu'ils soient tendres et légèrement dorés.

# 91. Champignons rôtis à l'ail et au thym

**Ingrédients : pour 4 personnes**
- 500 g de champignons, coupés en quartiers
- 30 ml d'huile d'olive + 5 gousses d'ail, hachées
- 5 g de thym frais + 5 g de sel
- 5 g de poivre

**Préparation :**
1. Mélangez les champignons avec l'huile d'olive, l'ail, le thym, le sel et le poivre.
2. Faites cuire à 180°C pendant 12-15 minutes jusqu'à ce qu'ils soient dorés et parfumés.

# 92. Brocoli rôti au parmesan

**Ingrédients : pour 4 personnes**
- 500 g de brocoli, coupé en fleurettes
- 30 ml d'huile d'olive
- 30 g de fromage parmesan râpé
- 5 g de sel
- 5 g de poivre

**Préparation :**
1. Mélangez le brocoli avec l'huile d'olive, le fromage parmesan, le sel et le poivre.
2. Faites cuire à 200°C pendant 12-15 minutes jusqu'à ce qu'il soit tendre et le fromage soit doré.

# 93. Légumes rôtis au miel et à la moutarde

### Ingrédients : pour 4 personnes
- 500 g de mélange de légumes (carottes, courgettes, chou-fleur)
- 30 ml d'huile d'olive + 15 ml de miel
- 15 ml de moutarde + 5 g de sel
- 5 g de poivre

### Préparation :
1. Mélangez les légumes avec l'huile d'olive, le miel, la moutarde, le sel et le poivre.
2. Faites cuire à 200°C pendant 15-20 minutes jusqu'à ce qu'ils soient tendres et caramélisés.

# 94. Asperges rôties au citron

### Ingrédients : pour 4 personnes
- 500 g d'asperges, parées
- 30 ml d'huile d'olive
- Zeste et jus de 1 citron
- 5 g de sel + 5 g de poivre

### Préparation :
1. Mélangez les asperges avec l'huile d'olive, le zeste et le jus de citron, le sel et le poivre.
2. Faites cuire à 200°C pendant 8-10 minutes jusqu'à ce qu'elles soient tendres et parfumées.

# 95. Tomates cerises rôties à l'ail et au basilic

### Ingrédients : pour 4 personnes
- 500 g de tomates cerises + 30 ml d'huile d'olive
- 5 gousses d'ail, hachées + 30 g de basilic frais, haché
- 5 g de sel + 5 g de poivre

### Préparation :
1. Mélangez les tomates cerises avec l'huile d'olive, l'ail, le basilic, le sel et le poivre.
2. Faites cuire à 180°C pendant 10-12 minutes jusqu'à ce qu'elles soient tendres et parfumées.

## 96. Poivrons rôtis à l'huile d'olive et au vinaigre balsamique

**Ingrédients : pour 4 personnes**
- 500 g de poivrons, coupés en lanières
- 30 ml d'huile d'olive + 15 ml de vinaigre balsamique
- 5 g de sel + 5 g de poivre

**Préparation :**
1. Mélangez les poivrons avec l'huile d'olive, le vinaigre balsamique, le sel et le poivre.
2. Faites cuire à 200°C pendant 15-20 minutes jusqu'à ce qu'ils soient tendres et légèrement caramélisés.

## 97. Patates douces rôties à la cannelle et au miel

**Ingrédients : pour 4 personnes**
- 500 g de patates douces, coupées en dés
- 30 ml d'huile d'olive + 5 g de cannelle
- 15 ml de miel + 5 g de sel + 5 g de poivre

**Préparation :**
1. Mélangez les patates douces avec l'huile d'olive, la cannelle, le miel, le sel et le poivre.
2. Faites cuire à 200°C pendant 20-25 minutes jusqu'à ce qu'elles soient tendres et légèrement caramélisées.

## 98. Courgettes rôties au parmesan et à l'origan

**Ingrédients : pour 4 personnes**
- 500 g de courgettes, coupées en rondelles
- 30 ml d'huile d'olive + 30 g de fromage parmesan râpé
- 5 g d'origan séché + 5 g de sel + 5 g de poivre

**Préparation :**
1. Mélangez les courgettes avec l'huile d'olive, le fromage parmesan, l'origan, le sel et le poivre.
2. Faites cuire à 200°C pendant 12-15 minutes jusqu'à ce qu'elles soient tendres et le fromage soit doré.

# 99. Légumes rôtis au curry

**Ingrédients : pour 4 personnes**
- 500 g de mélange de légumes (aubergines, courgettes, poivrons)
- 30 ml d'huile d'olive
- 5 g de curry en poudre
- 5 g de sel
- 5 g de poivre

**Préparation :**
1. Mélangez les légumes avec l'huile d'olive, le curry en poudre, le sel et le poivre.
2. Faites cuire à 200°C pendant 15-20 minutes jusqu'à ce qu'ils soient tendres et parfumés.

# 100. Carottes au thym

**Ingrédients : pour 4 personnes**
- 500 g de carottes, coupées en bâtonnets
- 30 ml d'huile d'olive
- 5 g de thym frais
- 5 g de sel
- 5 g de poivre

**Préparation :**
1. Mélangez les carottes avec l'huile d'olive, le thym, le sel et le poivre.
2. Faites cuire à 200°C pendant 15-20 minutes jusqu'à ce qu'elles soient tendres et parfumées.

# 101. Patates douces à l'huile d'olive et à la sauge

**Ingrédients : pour 4 personnes**
- 500 g de patates douces, coupées en dés
- 30 ml d'huile d'olive
- 5 feuilles de sauge fraîche
- 5 g de sel + 5 g de poivre

**Préparation :**
1. Mélangez les patates douces avec l'huile d'olive, la sauge, le sel et le poivre.
2. Faites cuire à 200°C pendant 20-25 minutes jusqu'à ce qu'elles soient tendres et légèrement dorées.

# 102. Haricots verts à l'ail et au citron

**Ingrédients : pour 4 personnes**
- 500 g d'haricots verts, parés
- 30 ml d'huile d'olive
- 5 gousses d'ail, hachées
- Zeste et jus de 1 citron
- 5 g de sel + 5 g de poivre

**Préparation :**
1. Mélangez les haricots verts avec l'huile d'olive, l'ail, le zeste et le jus de citron, le sel et le poivre.
2. Faites cuire à 200°C pendant 12-15 minutes jusqu'à ce qu'ils soient tendres et parfumés.

# 103. Poireaux au fromage parmesan

**Ingrédients : pour 4 personnes**
- 500 g de poireaux, coupés en rondelles
- 30 ml d'huile d'olive
- 30 g de fromage parmesan râpé
- 5 g de sel + 5 g de poivre

**Préparation :**
1. Mélangez les poireaux avec l'huile d'olive, le fromage parmesan, le sel et le poivre.
2. Faites cuire à 200°C pendant 12-15 minutes jusqu'à ce qu'ils soient tendres et le fromage soit doré.

# 104. Courgettes au basilic et à la tomate

**Ingrédients : pour 4 personnes**
- 500 g de courgettes, coupées en rondelles
- 30 ml d'huile d'olive + 30 g de basilic frais, haché
- 2 tomates, coupées en dés + 5 g de sel
- 5 g de poivre

**Préparation :**
1. Mélangez les courgettes avec l'huile d'olive, le basilic, les tomates, le sel et le poivre.
2. Faites cuire à 200°C pendant 12-15 minutes jusqu'à ce qu'elles soient tendres et parfumées.

## 105. Champignons à l'ail et au persil

**Ingrédients : pour 4 personnes**
- 500 g de champignons, coupés en quartiers
- 30 ml d'huile d'olive + 5 gousses d'ail, hachées
- 30 g de persil frais, haché
- 5 g de sel + 5 g de poivre

**Préparation :**
1. Mélangez les champignons avec l'huile d'olive, l'ail, le persil, le sel et le poivre.
2. Faites cuire à 180°C pendant 12-15 minutes jusqu'à ce qu'ils soient dorés et parfumés.

## 106. Aubergines au cumin et au coriandre

**Ingrédients : pour 4 personnes**
- 500 g d'aubergines, coupées en dés
- 30 ml d'huile d'olive + 5 g de cumin en poudre
- 5 g de coriandre en poudre
- 5 g de sel + 5 g de poivre

**Préparation :**
1. Mélangez les aubergines avec l'huile d'olive, le cumin, la coriandre, le sel et le poivre.
2. Faites cuire à 200°C pendant 15-20 minutes jusqu'à ce qu'elles soient tendres et parfumées.

## 107. Endives au jambon

**Ingrédients : pour 4 personnes**
- 500 g d'endives, coupées en deux dans le sens de la longueur
- 30 ml d'huile d'olive + 100 g de jambon cuit, coupé en lanières
- 30 g de fromage emmental râpé
- 5 g de sel + 5 g de poivre

**Préparation :**
1. Mélangez les endives avec l'huile d'olive, le jambon, le fromage emmental, le sel et le poivre.
2. Faites cuire à 180°C pendant 15-20 minutes jusqu'à ce qu'elles soient tendres et le fromage soit doré.

# 108. Pommes de terre à l'ail et au romarin

**Ingrédients : pour 4 personnes**
- 500 g de pommes de terre, coupées en quartiers
- 30 ml d'huile d'olive + 5 gousses d'ail, hachées
- 5 g de romarin frais + 5 g de sel
- 5 g de poivre

**Préparation :**
1. Mélangez les pommes de terre avec l'huile d'olive, l'ail, le romarin, le sel et le poivre.
2. Faites cuire à 200°C pendant 20-25 minutes jusqu'à ce qu'elles soient tendres et croustillantes.

# 109. Légumes rôtis à la salade frisée

**Ingrédients : pour 4 personnes**
- 500 g de mélange de légumes (carottes, courgettes, champignons)
- 30 ml d'huile d'olive + 100 g de lardons fumés
- 1 petite salade frisée, lavée et égouttée
- 5 g de sel + 5 g de poivre

**Préparation :**
1. Mélangez les légumes avec l'huile d'olive, les lardons fumés, la salade frisée, le sel et le poivre.
2. Faites cuire à 200°C pendant 15-20 minutes jusqu'à ce que les légumes soient tendres et les lardons croustillants.

# 110. Poivrons à l'huile d'olive et au basilic

**Ingrédients : pour 4 personnes**
- 500 g de poivrons, coupés en lanières + 30 ml d'huile d'olive
- 30 g de basilic frais, haché + 5 g de sel + 5 g de poivre

**Préparation :**
1. Mélangez les poivrons avec l'huile d'olive, le basilic, le sel et le poivre.
2. Faites cuire à 200°C pendant 15-20 minutes jusqu'à ce qu'ils soient tendres et légèrement croustillants.

## 111. Légumes rôtis au fenouil et à l'orange

**Ingrédients : pour 4 personnes**
- 500 g de fenouil, coupé en tranches
- 30 ml d'huile d'olive + Jus et zeste de 1 orange
- 5 g de sel + 5 g de poivre

**Préparation :**
1. Mélangez le fenouil avec l'huile d'olive, le jus et le zeste d'orange, le sel et le poivre.
2. Faites cuire à 200°C pendant 15-20 minutes jusqu'à ce qu'il soit tendre et parfumé.

## 112. Légumes rôtis à la ratatouille

**Ingrédients : pour 4 personnes**
- 500 g de mélange de légumes (aubergines, courgettes, poivrons, tomates)
- 30 ml d'huile d'olive
- 5 g de thym frais
- 5 g de sel
- 5 g de poivre

**Préparation :**
1. Mélangez les légumes avec l'huile d'olive, le thym, le sel et le poivre.
2. Faites cuire à 200°C pendant 20-25 minutes jusqu'à ce qu'ils soient tendres et parfumés.

## 113. Courgettes à la provençale

**Ingrédients : pour 4 personnes**
- 500 g de courgettes, coupées en rondelles
- 30 ml d'huile d'olive
- 2 gousses d'ail, hachées
- 2 tomates, coupées en dés
- 5 g d'herbes de Provence
- 5 g de sel + 5 g de poivre

**Préparation :**
1. Mélangez les courgettes avec l'huile d'olive, l'ail, les tomates, les herbes de Provence, le sel et le poivre.
2. Faites cuire à 200°C pendant 12-15 minutes jusqu'à ce qu'elles soient tendres et parfumées.

# 114. Légumes rôtis au romarin et au thym

**Ingrédients : pour 4 personnes**
- 500 g de mélange de légumes (poireaux, carottes, courgettes)
- 30 ml d'huile d'olive
- 5 g de romarin frais
- 5 g de thym frais
- 5 g de sel
- 5 g de poivre

**Préparation :**
1. Mélangez les légumes avec l'huile d'olive, le romarin, le thym, le sel et le poivre.
2. Faites cuire à 200°C pendant 15-20 minutes jusqu'à ce qu'ils soient tendres et parfumés.

# 115. Chou-fleur au curry

**Ingrédients : pour 4 personnes**
- 500 g de chou-fleur, coupé en fleurettes
- 30 ml d'huile d'olive
- 5 g de curry en poudre
- 5 g de sel + 5 g de poivre

**Préparation :**
1. Mélangez le chou-fleur avec l'huile d'olive, le curry en poudre, le sel et le poivre.
2. Faites cuire à 200°C pendant 15-20 minutes jusqu'à ce qu'il soit tendre et parfumé.

# 116. Légumes rôtis à la courgette jaune et à l'aneth

**Ingrédients : pour 4 personnes**
- 500 g de courgettes jaunes, coupées en rondelles
- 30 ml d'huile d'olive + 5 g d'aneth frais
- Zeste et jus de 1 citron + 5 g de sel + 5 g de poivre

**Préparation :**
1. Mélangez les courgettes jaunes avec l'huile d'olive, l'aneth, le zeste et le jus de citron, le sel et le poivre.
2. Faites cuire à 200°C pendant 12-15 minutes jusqu'à ce qu'elles soient tendres et parfumées.

## 117. Tomates au thym et au parmesan

**Ingrédients : pour 4 personnes**
- 500 g de tomates, coupées en rondelles
- 30 ml d'huile d'olive + 5 g de thym frais
- 30 g de fromage parmesan râpé
- 5 g de sel + 5 g de poivre

**Préparation :**
1. Mélangez les tomates avec l'huile d'olive, le thym, le fromage parmesan, le sel et le poivre.
2. Faites cuire à 180°C pendant 12-15 minutes jusqu'à ce qu'elles soient tendres et le fromage soit doré.

## 118. Légumes rôtis à la salade frisée

**Ingrédients : pour 4 personnes**
- 500 g de mélange de légumes (carottes, courgettes, champignons)
- 30 ml d'huile d'olive + 100 g de lardons fumés
- 1 petite salade frisée, lavée et égouttée
- 5 g de sel + 5 g de poivre

**Préparation :**
1. Mélangez les légumes avec l'huile d'olive, les lardons fumés, la salade frisée, le sel et le poivre.
2. Faites cuire à 200°C pendant 15-20 minutes jusqu'à ce que les légumes soient tendres et les lardons croustillants.

## 119. Légumes rôtis aux champignons de Paris

**Ingrédients : pour 4 personnes**
- 500 g de champignons de Paris, coupés en quartiers
- 30 ml d'huile d'olive + 5 g de thym frais
- 5 g de romarin frais + 5 g de sel + 5 g de poivre

**Préparation :**
1. Mélangez les champignons de Paris avec l'huile d'olive, le thym, le romarin, le sel et le poivre.
2. Faites cuire à 180°C pendant 12-15 minutes jusqu'à ce qu'ils soient dorés et parfumés.

# Volaille

# 120. Ailes de poulet BBQ

### Ingrédients : pour 4 personnes
- 500 g d'ailes de poulet
- 30 ml de sauce barbecue
- 5 g de paprika
- 5 g de sel + 5 g de poivre

### Préparation :
1. Mélangez les ailes de poulet avec la sauce barbecue, le paprika, le sel et le poivre.
2. Faites cuire à 200°C pendant 25-30 minutes jusqu'à ce qu'elles soient croustillantes.

# 121. Cuisses de poulet cajun

### Ingrédients : pour 4 personnes
- 4 cuisses de poulet + 30 ml d'huile d'olive
- 5 g de mélange d'épices cajun
- 5 g de sel + 5 g de poivre

### Préparation :
1. Badigeonnez les cuisses de poulet avec l'huile d'olive, les épices cajun, le sel et le poivre.
2. Faites cuire à 180°C pendant 25-30 minutes jusqu'à ce qu'elles soient dorées et bien cuites.

# 122. Brochettes de poulet au citron et à l'ail

### Ingrédients : pour 4 personnes
- 500 g de cubes de poulet
- 30 ml d'huile d'olive
- Jus et zeste de 1 citron
- 5 gousses d'ail, hachées
- 5 g de sel + 5 g de poivre

### Préparation :
1. Mélangez les cubes de poulet avec l'huile d'olive, le jus et le zeste de citron, l'ail, le sel et le poivre.
2. Enfilez-les sur des brochettes et faites cuire à 200°C pendant 15-20 minutes jusqu'à ce qu'ils soient bien cuits.

## 123. Filets de poulet au parmesan

**Ingrédients : pour 4 personnes**
- 4 filets de poulet + 30 ml d'huile d'olive
- 30 g de fromage parmesan râpé
- 5 g de paprika + 5 g de sel
- 5 g de poivre

**Préparation :**
1. Badigeonnez les filets de poulet avec l'huile d'olive, le parmesan, le paprika, le sel et le poivre.
2. Faites cuire à 200°C pendant 20-25 minutes jusqu'à ce qu'ils soient dorés et bien cuits.

## 124. Ailes de poulet à l'ail et au miel

**Ingrédients : pour 4 personnes**
- 500 g d'ailes de poulet + 30 ml d'huile d'olive
- 15 ml de miel + 5 gousses d'ail, hachées
- 5 g de sel + 5 g de poivre

**Préparation :**
1. Mélangez les ailes de poulet avec l'huile d'olive, le miel, l'ail, le sel et le poivre.
2. Faites cuire à 200°C pendant 25-30 minutes jusqu'à ce qu'elles soient croustillantes et bien dorées.

## 125. Brochettes de poulet teriyaki

**Ingrédients : pour 4 personnes**
- 500 g de cubes de poulet + 30 ml de sauce teriyaki
- 15 ml de miel
- 5 g de graines de sésame
- 5 g de sel
- 5 g de poivre

**Préparation :**
1. Mélangez les cubes de poulet avec la sauce teriyaki, le miel, les graines de sésame, le sel et le poivre.
2. Enfilez-les sur des brochettes et faites cuire à 200°C pendant 15-20 minutes jusqu'à ce qu'ils soient bien cuits.

## 126. Côtes de porc marinées au citron et à l'origan

**Ingrédients : pour 4 personnes**
- 4 côtes de porc + 30 ml d'huile d'olive
- Jus et zeste de 1 citron
- 5 g d'origan séché
- 5 g de sel + 5 g de poivre

**Préparation :**
1. Mélangez les côtes de porc avec l'huile d'olive, le jus et le zeste de citron, l'origan, le sel et le poivre.
2. Faites cuire à 200°C pendant 20-25 minutes jusqu'à ce qu'elles soient bien cuites et parfumées.

## 127. Brochettes de poulet au curry

**Ingrédients : pour 4 personnes**
- 500 g de cubes de poulet + 30 ml d'huile d'olive
- 5 g de poudre de curry + 5 g de sel + 5 g de poivre

**Préparation :**
1. Mélangez les cubes de poulet avec l'huile d'olive, la poudre de curry, le sel et le poivre.
2. Enfilez-les sur des brochettes et faites cuire à 200°C pendant 15-20 minutes jusqu'à ce qu'ils soient bien cuits.

## 128. Cuisse de dinde au romarin et à l'ail

**Ingrédients : pour 4 personnes**
- 4 cuisses de dinde + 30 ml d'huile d'olive
- 5 gousses d'ail, hachées
- 5 g de romarin frais
- 5 g de sel + 5 g de poivre

**Préparation :**
1. Badigeonnez les cuisses de dinde avec l'huile d'olive, l'ail, le romarin, le sel et le poivre.
2. Faites cuire à 180°C pendant 25-30 minutes jusqu'à ce qu'elles soient bien cuites et parfumées.

## 129. Pilons de poulet au paprika et au citron

**Ingrédients : pour 4 personnes**
- 500 g de pilons de poulet
- 30 ml d'huile d'olive + 5 g de paprika
- Jus et zeste de 1 citron
- 5 g de sel + 5 g de poivre

**Préparation :**
1. Mélangez les pilons de poulet avec l'huile d'olive, le paprika, le jus et le zeste de citron, le sel et le poivre.
2. Faites cuire à 200°C pendant 25-30 minutes jusqu'à ce qu'ils soient bien cuits et parfumés.

## 130. Canard à l'orange

**Ingrédients : pour 4 personnes**
- 4 cuisses de canard + 30 ml d'huile d'olive
- Zeste et jus de 2 oranges + 30 ml de sauce soja
- 30 ml de miel + 5 g de sel + 5 g de poivre

**Préparation :**
1. Mélangez le zeste et le jus d'orange, la sauce soja, le miel, le sel et le poivre pour préparer la marinade. Badigeonnez les cuisses de canard avec cette marinade et laissez reposer pendant au moins 30 minutes. Préchauffez la friteuse à air à 180°C.
2. Placez les cuisses de canard dans la friteuse et faites cuire pendant 30 à 35 minutes jusqu'à ce qu'elles soient bien dorées et cuites.

## 131. Pintade aux herbes de Provence

**Ingrédients : pour 4 personnes**
- 1 pintade (environ 1,5 kg) + 30 ml d'huile d'olive
- 5 g d'herbes de Provence + 5 g de sel + 5 g de poivre

**Préparation :**
1. Préchauffez la friteuse à air à 180°C.
2. Badigeonnez la pintade avec l'huile d'olive, les herbes de Provence, le sel et le poivre.
3. Placez la pintade dans la friteuse et faites cuire pendant environ 45 minutes à 1 heure, en retournant à mi-cuisson, jusqu'à ce qu'elle soit bien cuite et dorée.

## 132. Caille aux champignons

**Ingrédients : pour 4 personnes**
- 4 cailles + 30 ml d'huile d'olive
- 250 g de champignons de Paris, coupés en quartiers
- 5 g de thym frais + 5 g de sel
- 5 g de poivre

**Préparation :**
1. Préchauffez la friteuse à air à 200°C.
2. Badigeonnez les cailles avec l'huile d'olive, le thym, le sel et le poivre.
3. Placez les cailles et les champignons dans la friteuse et faites cuire pendant 25 à 30 minutes jusqu'à ce que les cailles soient bien cuites et les champignons dorés.

## 133. Poulet de Bresse rôti

**Ingrédients : pour 4 personnes**
- 1 poulet de Bresse entier (environ 1,5 kg)
- 30 ml d'huile d'olive + 5 g de romarin frais
- 5 g de thym frais + 5 g de sel + 5 g de poivre

**Préparation :**
1. Préchauffez la friteuse à air à 180°C.
2. Badigeonnez le poulet de Bresse avec l'huile d'olive, le romarin, le thym, le sel et le poivre.
3. Placez le poulet dans la friteuse et faites cuire pendant environ 50 minutes à 1 heure jusqu'à ce qu'il soit bien doré et cuit.

## 134. Pigeon rôti aux épices exotiques

**Ingrédients : pour 4 personnes**
- 4 pigeons entiers
- 30 ml d'huile d'olive
- 5 g de mélange d'épices exotiques (curry, cumin, coriandre, gingembre)
- 5 g de sel + 5 g de poivre

**Préparation :**
1. Préchauffez la friteuse à air à 200°C.
2. Badigeonnez les pigeons avec l'huile d'olive, le mélange d'épices exotiques, le sel et le poivre.
3. Placez les pigeons dans la friteuse et faites cuire pendant 20 à 25 minutes jusqu'à ce qu'ils soient bien cuits et parfumés.

## 135. Caille farcie aux fruits secs

**Ingrédients : pour 4 personnes**
- 4 cailles + 30 ml d'huile d'olive
- 100 g de mélange de fruits secs (abricots, figues, raisins)
- 5 g de romarin frais + 5 g de sel + 5 g de poivre

**Préparation :**
1. Préchauffez la friteuse à air à 180°C.
2. Mélangez les fruits secs avec le romarin, le sel et le poivre pour préparer la farce.
3. Farcissez chaque caille avec le mélange de fruits secs.
4. Badigeonnez les cailles avec l'huile d'olive, le sel et le poivre.
5. Placez les cailles dans la friteuse et faites cuire pendant 30 à 35 minutes jusqu'à ce qu'elles soient bien cuites et la peau croustillante.

## 136. Pintade aux champignons sauvages

**Ingrédients : pour 4 personnes**
- 1 pintade (environ 1,5 kg) + 30 ml d'huile d'olive
- 250 g de champignons sauvages (chanterelles, cèpes), coupés en morceaux
- 5 g de thym frais + 5 g de sel + 5 g de poivre

**Préparation :**
1. Préchauffez la friteuse à air à 180°C.
2. Badigeonnez la pintade avec l'huile d'olive, le thym, le sel et le poivre.
3. Placez la pintade et les champignons dans la friteuse et faites cuire pendant environ 45 minutes à 1 heure jusqu'à ce que la pintade soit bien cuite et les champignons dorés.

## 137. Caneton laqué à la sauce hoisin

**Ingrédients : pour 4 personnes**
- 1 caneton (environ 2 kg) + 30 ml de sauce hoisin
- 30 ml de miel + 5 g de cinq épices chinoises
- 5 g de sel + 5 g de poivre

**Préparation :**
1. Préchauffez la friteuse à air à 180°C.
2. Mélangez la sauce hoisin, le miel, les cinq épices chinoises, le sel et le poivre pour préparer la laque. Badigeonnez le caneton avec cette laque.
3. Placez le caneton dans la friteuse et faites cuire pendant environ 1 heure à 1 heure 15 minutes jusqu'à ce qu'il soit bien laqué et cuit.

# 138. Poule au pot

### Ingrédients : pour 4 personnes
- 1 poule (environ 1,5 kg) + 30 ml d'huile d'olive
- 500 g de carottes, coupées en rondelles
- 500 g de poireaux, coupés en rondelles
- 500 g de pommes de terre, coupées en dés
- 5 g de thym frais + 5 g de sel + 5 g de poivre

### Préparation :
1. Préchauffez la friteuse à air à 180°C.
2. Badigeonnez la poule avec l'huile d'olive, le thym, le sel et le poivre.
3. Disposez les légumes au fond de la friteuse, puis placez la poule par-dessus.
4. Faites cuire pendant environ 1 heure 30 minutes à 1 heure 45 minutes jusqu'à ce que la poule soit bien cuite et les légumes tendres.

# 139. Poulet à la bière

### Ingrédients : pour 4 personnes
- 1 poulet entier (environ 1,5 kg) + 330 ml de bière blonde
- 30 ml d'huile d'olive + 5 g de paprika
- 5 g de sel + 5 g de poivre

### Préparation :
1. Préchauffez la friteuse à air à 180°C.
2. Badigeonnez le poulet avec l'huile d'olive, le paprika, le sel et le poivre.
3. Versez la bière dans le fond de la friteuse.
4. Placez le poulet dans la friteuse et faites cuire pendant environ 1 heure à 1 heure 15 minutes jusqu'à ce qu'il soit bien cuit et doré.

# 140. Caille farcie aux champignons

### Ingrédients : pour 4 personnes
- 4 cailles + 30 ml d'huile d'olive
- 250 g de champignons de Paris, coupés en morceaux
- 5 g de thym frais + 5 g de sel + 5 g de poivre

### Préparation :
1. Préchauffez la friteuse à air à 180°C.
2. Mélangez les champignons avec le thym, le sel et le poivre pour préparer la farce.
3. Farcissez chaque caille avec le mélange de champignons.
4. Badigeonnez les cailles avec l'huile d'olive, le sel et le poivre.
5. Placez les cailles dans la friteuse et faites cuire pendant 30 à 35 minutes jusqu'à ce qu'elles soient bien cuites et la peau croustillante.

# 141. Pintade aux morilles

### Ingrédients : pour 4 personnes
- 1 pintade (environ 1,5 kg) + 30 ml d'huile d'olive
- 100 g de morilles séchées, réhydratées
- 5 g de thym frais + 5 g de sel
- 5 g de poivre

### Préparation :
1. Préchauffez la friteuse à air à 180°C.
2. Badigeonnez la pintade avec l'huile d'olive, le thym, le sel et le poivre.
3. Placez la pintade et les morilles dans la friteuse et faites cuire pendant environ 45 minutes à 1 heure jusqu'à ce que la pintade soit bien cuite et les morilles tendres.

# 142. Poulet rôti au thym et à l'ail

### Ingrédients : pour 4 personnes
- 1 poulet entier (environ 1,5 kg) + 30 ml d'huile d'olive
- 5 gousses d'ail, hachées + 5 g de thym frais
- 5 g de sel + 5 g de poivre

### Préparation :
1. Préchauffez la friteuse à air à 180°C.
2. Badigeonnez le poulet avec l'huile d'olive, l'ail, le thym, le sel et le poivre.
3. Placez le poulet dans la friteuse et faites cuire pendant environ 1 heure à 1 heure 15 minutes jusqu'à ce qu'il soit bien doré et cuit.

# 143. Poulet Tikka Masala

### Ingrédients : pour 4 personnes
- 4 cuisses de poulet + 30 ml d'huile d'olive
- 200 ml de yaourt nature
- 30 g de pâte de curry tikka masala
- 5 g de sel + 5 g de poivre

### Préparation :
1. Préchauffez la friteuse à air à 180°C.
2. Mélangez le yaourt, la pâte de curry tikka masala, le sel et le poivre pour préparer la marinade.
3. Enrobez les cuisses de poulet avec cette marinade.
4. Placez les cuisses de poulet dans la friteuse et faites cuire pendant 30 à 35 minutes jusqu'à ce qu'elles soient bien cuites et légèrement grillées.

# 144. Canard à la cerise

## Ingrédients : pour 4 personnes
- 4 cuisses de canard + 30 ml d'huile d'olive
- 200 g de cerises dénoyautées
- 30 ml de vinaigre balsamique
- 30 ml de miel + 5 g de sel + 5 g de poivre

## Préparation :
1. Préchauffez la friteuse à air à 200°C.
2. Badigeonnez les cuisses de canard avec l'huile d'olive, le sel et le poivre.
3. Placez les cuisses de canard dans la friteuse et faites cuire pendant 25 à 30 minutes jusqu'à ce qu'elles soient bien cuites. Pendant ce temps, préparez la sauce en mélangeant les cerises, le vinaigre balsamique et le miel dans une casserole. Laissez mijoter jusqu'à ce que la sauce épaississe. Servez le canard avec la sauce aux cerises.

# 145. Caille aux poires et au vin rouge

## Ingrédients : pour 4 personnes
- 4 cailles + 30 ml d'huile d'olive
- 2 poires, pelées et coupées en quartiers
- 250 ml de vin rouge + 5 g de romarin frais
- 5 g de sel + 5 g de poivre

## Préparation :
1. Préchauffez la friteuse à air à 180°C.
2. Badigeonnez les cailles avec l'huile d'olive, le romarin, le sel et le poivre.
3. Placez les cailles et les quartiers de poires dans la friteuse et faites cuire pendant 30 à 35 minutes jusqu'à ce que les cailles soient bien cuites et les poires tendres.

# 146. Poulet au curry vert thaïlandais

## Ingrédients : pour 4 personnes
- 4 cuisses de poulet + 30 ml d'huile d'olive
- 200 ml de lait de coco + 30 g de pâte de curry vert thaïlandais
- 5 g de sel + 5 g de poivre

## Préparation :
1. Préchauffez la friteuse à air à 180°C.
2. Mélangez le lait de coco, la pâte de curry vert, le sel et le poivre pour préparer la sauce. Enrobez les cuisses de poulet avec cette sauce.
3. Placez les cuisses de poulet dans la friteuse et faites cuire pendant 30 à 35 minutes jusqu'à ce qu'elles soient bien cuites et la sauce épaissie.

# 147. Canard à la mandarine

### Ingrédients : pour 4 personnes
- 4 cuisses de canard + 30 ml d'huile d'olive
- Jus de 4 mandarines + Zeste de 2 mandarines
- 30 ml de miel + 5 g de sel + 5 g de poivre

### Préparation :
1. Préchauffez la friteuse à air à 200°C.
2. Badigeonnez les cuisses de canard avec l'huile d'olive, le sel et le poivre.
3. Placez les cuisses de canard dans la friteuse et faites cuire pendant 25 à 30 minutes jusqu'à ce qu'elles soient bien cuites. Pendant ce temps, préparez la sauce en mélangeant le jus et le zeste de mandarine avec le miel. Faites chauffer la sauce dans une casserole jusqu'à ce qu'elle épaississe. Nappez le canard avec la sauce à la mandarine avant de servir.

# 148. Poulet à la moutarde et au miel

### Ingrédients : pour 4 personnes
- 4 cuisses de poulet + 30 ml d'huile d'olive
- 30 ml de moutarde de Dijon
- 30 ml de miel + 5 g de sel + 5 g de poivre

### Préparation :
1. Préchauffez la friteuse à air à 180°C.
2. Mélangez la moutarde de Dijon, le miel, le sel et le poivre pour préparer la sauce.
3. Enrobez les cuisses de poulet avec cette sauce.
4. Placez les cuisses de poulet dans la friteuse et faites cuire pendant 30 à 35 minutes jusqu'à ce qu'elles soient bien cuites et légèrement caramélisées.

# 149. Canard aux pruneaux et au cognac

### Ingrédients : pour 4 personnes
- 4 cuisses de canard + 30 ml d'huile d'olive
- 200 g de pruneaux dénoyautés
- 60 ml de cognac + 5 g de thym frais
- 5 g de sel + 5 g de poivre

### Préparation :
1. Préchauffez la friteuse à air à 200°C.
2. Badigeonnez les cuisses de canard avec l'huile d'olive, le thym, le sel et le poivre.
3. Placez les cuisses de canard dans la friteuse et faites cuire pendant 25 à 30 minutes jusqu'à ce qu'elles soient bien cuites. Pendant ce temps, faites chauffer le cognac dans une casserole, ajoutez les pruneaux et laissez-les réhydrater.
4. Servez le canard avec les pruneaux et la sauce au cognac.

# Poissons frits variés

# 150. Filets de cabillaud croustillants

### Ingrédients : pour 4 personnes
- 4 filets de cabillaud
- 30 ml d'huile d'olive
- 100 g de chapelure
- 5 g de paprika + 5 g de sel
- 5 g de poivre

### Préparation :
1. Mélangez la chapelure, le paprika, le sel et le poivre.
2. Enrobez les filets de cabillaud avec l'huile d'olive, puis avec le mélange de chapelure.
3. Faites cuire à 180°C pendant 12-15 minutes jusqu'à ce qu'ils soient croustillants et dorés.

# 151. Nuggets de saumon

### Ingrédients : pour 4 personnes
- 500 g de saumon frais, coupé en dés
- 30 ml de mayonnaise + 30 g de chapelure
- 5 g de sel + 5 g de poivre

### Préparation :
1. Mélangez le saumon, la mayonnaise, la chapelure, le sel et le poivre pour former une pâte. Formez des petits nuggets avec la pâte.
2. Faites cuire à 180°C pendant 10-12 minutes jusqu'à ce qu'ils soient dorés.

# 152. Filets de sole au citron et à l'aneth

### Ingrédients : pour 4 personnes
- 4 filets de sole
- 30 ml d'huile d'olive
- Jus et zeste de 1 citron
- 5 g d'aneth frais
- 5 g de sel
- 5 g de poivre

### Préparation :
1. Mélangez l'huile d'olive, le jus et le zeste de citron, l'aneth, le sel et le poivre.
2. Enrobez les filets de sole avec ce mélange.
3. Faites cuire à 180°C pendant 8-10 minutes jusqu'à ce qu'ils soient tendres et parfumés.

# 153. Crevettes panées au panko

### Ingrédients : pour 4 personnes
- 500 g de crevettes décortiquées
- 30 ml de lait + 100 g de panko (chapelure japonaise)
- 5 g de paprika + 5 g de sel
- 5 g de poivre

### Préparation :
1. Trempez les crevettes dans le lait.
2. Mélangez le panko, le paprika, le sel et le poivre.
3. Enrobez les crevettes de panko.
4. Faites cuire à 200°C pendant 6-8 minutes jusqu'à ce qu'elles soient croustillantes.

# 154. Filets de truite aux amandes

### Ingrédients : pour 4 personnes
- 4 filets de truite
- 30 ml d'huile d'amande
- 50 g d'amandes effilées
- 5 g de sel
- 5 g de poivre

### Préparation :
1. Enrobez les filets de truite avec l'huile d'amande, les amandes effilées, le sel et le poivre.
2. Faites cuire à 180°C pendant 10-12 minutes jusqu'à ce qu'ils soient dorés et croquants.

# 155. Calmars frits

### Ingrédients : pour 4 personnes
- 500 g de calmars, coupés en anneaux
- 100 g de farine
- 5 g de paprika
- 5 g de sel
- 5 g de poivre

### Préparation :
1. Mélangez la farine, le paprika, le sel et le poivre.
2. Enrobez les anneaux de calmar avec ce mélange.
3. Faites cuire à 200°C pendant 5-7 minutes jusqu'à ce qu'ils soient croustillants.

## 156. Filets de merlu au citron et à l'ail

**Ingrédients : pour 4 personnes**
- 4 filets de merlu
- 30 ml d'huile d'olive
- Jus et zeste de 1 citron
- 5 gousses d'ail, hachées
- 5 g de sel
- 5 g de poivre

**Préparation :**
1. Mélangez l'huile d'olive, le jus et le zeste de citron, l'ail, le sel et le poivre.
2. Enrobez les filets de merlu avec ce mélange.
3. Faites cuire à 180°C pendant 10-12 minutes jusqu'à ce qu'ils soient tendres et parfumés.

## 157. Filets de bar à la méditerranéenne

**Ingrédients : pour 4 personnes**
- 4 filets de bar + 30 ml d'huile d'olive
- 200 g de tomates cerises, coupées en deux
- 5 g d'origan frais + 5 g de sel
- 5 g de poivre

**Préparation :**
1. Mélangez l'huile d'olive, les tomates cerises, l'origan, le sel et le poivre.
2. Enrobez les filets de bar avec ce mélange.
3. Faites cuire à 180°C pendant 10-12 minutes jusqu'à ce qu'ils soient tendres et les tomates rôties.

## 158. Tempura de légumes et crevettes

**Ingrédients : pour 4 personnes**
- 500 g de crevettes décortiquées
- 200 g de légumes variés (poivrons, brocolis, carottes)
- 100 g de farine
- 5 g de sel + 5 g de poivre

**Préparation :**
1. Mélangez la farine, le sel et le poivre.
2. Trempez les crevettes et les légumes dans cette pâte à tempura.
3. Faites cuire à 200°C pendant 5-7 minutes jusqu'à ce qu'ils soient croustillants.

# 159. Filets de saumon à la moutarde et au miel

### Ingrédients : pour 4 personnes
- 4 filets de saumon
- 30 ml de moutarde de Dijon
- 30 ml de miel
- 5 g de sel
- 5 g de poivre

### Préparation :
1. Mélangez la moutarde de Dijon, le miel, le sel et le poivre.
2. Enrobez les filets de saumon avec ce mélange.
3. Faites cuire à 180°C pendant 12-15 minutes jusqu'à ce qu'ils soient dorés et laqués.

# 160. Filets de tilapia au citron et à l'ail

### Ingrédients : pour 4 personnes
- 4 filets de tilapia + 30 ml d'huile d'olive
- Jus et zeste de 1 citron
- 5 gousses d'ail, hachées
- 5 g de sel + 5 g de poivre

### Préparation :
1. Mélangez l'huile d'olive, le jus et le zeste de citron, l'ail, le sel et le poivre.
2. Enrobez les filets de tilapia avec ce mélange.
3. Faites cuire à 180°C pendant 10-12 minutes jusqu'à ce qu'ils soient tendres et parfumés.

# 161. Gambas à l'ail et au persil

### Ingrédients : pour 4 personnes
- 500 g de gambas décortiquées
- 30 ml d'huile d'olive + 5 gousses d'ail, hachées
- 20 g de persil frais, haché
- 5 g de sel + 5 g de poivre

### Préparation :
1. Mélangez les gambas avec l'huile d'olive, l'ail, le persil, le sel et le poivre.
2. Faites cuire à 200°C pendant 6-8 minutes jusqu'à ce qu'elles soient roses et parfumées.

## 162. Filets de dorade aux herbes :

**Ingrédients : pour 4 personnes**
- 4 filets de dorade + 30 ml d'huile d'olive
- 5 g de thym frais + 5 g de romarin frais
- 5 g de sel + 5 g de poivre

**Préparation :**
1. Enrobez les filets de dorade avec l'huile d'olive, le thym, le romarin, le sel et le poivre.
2. Faites cuire à 180°C pendant 10-12 minutes jusqu'à ce qu'ils soient tendres et parfumés.

## 163. Filets de maquereau grillé au citron

**Ingrédients : pour 4 personnes**
- 4 filets de maquereau + 30 ml d'huile d'olive
- Jus et zeste de 1 citron + 5 g de paprika
- 5 g de sel + 5 g de poivre

**Préparation :**
1. Mélangez l'huile d'olive, le jus et le zeste de citron, le paprika, le sel et le poivre.
2. Enrobez les filets de maquereau avec ce mélange.
3. Faites cuire à 180°C pendant 8-10 minutes jusqu'à ce qu'ils soient tendres et parfumés.

## 164. Brochettes de saumon et de crevettes

**Ingrédients : pour 4 personnes**
- 500 g de cubes de saumon + 500 g de crevettes décortiquées
- 30 ml d'huile d'olive + Jus de 1 citron + 5 g de sel
- 5 g de poivre

**Préparation :**
1. Mélangez l'huile d'olive, le jus de citron, le sel et le poivre.
2. Enfilez les cubes de saumon et les crevettes sur des brochettes.
3. Badigeonnez-les avec le mélange d'huile d'olive.
4. Faites cuire à 180°C pendant 8-10 minutes jusqu'à ce qu'ils soient cuits.

## 165. Filets de rouget aux herbes de Provence

### Ingrédients : pour 4 personnes
- 4 filets de rouget + 30 ml d'huile d'olive
- 5 g d'herbes de Provence
- 5 g de sel + 5 g de poivre

### Préparation :
1. Enrobez les filets de rouget avec l'huile d'olive, les herbes de Provence, le sel et le poivre.
2. Faites cuire à 180°C pendant 8-10 minutes jusqu'à ce qu'ils soient tendres et parfumés.

## 166. Filets de merlan à la moutarde et au miel

### Ingrédients : pour 4 personnes
- 4 filets de merlan + 30 ml de moutarde de Dijon
- 30 ml de miel + 5 g de sel
- 5 g de poivre

### Préparation :
1. Mélangez la moutarde de Dijon, le miel, le sel et le poivre.
2. Enrobez les filets de merlan avec ce mélange.
3. Faites cuire à 180°C pendant 10-12 minutes jusqu'à ce qu'ils soient dorés et laqués.

## 167. Crevettes à la noix de coco et au curry

### Ingrédients : pour 4 personnes
- 500 g de crevettes décortiquées + 100 g de noix de coco râpée
- 30 ml de lait de coco + 5 g de curry en poudre
- 5 g de sel + 5 g de poivre

### Préparation :
1. Mélangez la noix de coco râpée, le lait de coco, le curry en poudre, le sel et le poivre.
2. Enrobez les crevettes avec ce mélange.
3. Faites cuire à 200°C pendant 6-8 minutes jusqu'à ce qu'elles soient croustillantes.

## 168. Filets de sole à la sauce aux câpres

**Ingrédients : pour 4 personnes**
- 4 filets de sole
- 30 ml d'huile d'olive
- 30 ml de câpres
- 30 ml de jus de citron
- 5 g de sel + 5 g de poivre

**Préparation :**
1. Mélangez l'huile d'olive, les câpres, le jus de citron, le sel et le poivre.
2. Enrobez les filets de sole avec ce mélange.
3. Faites cuire à 180°C pendant 8-10 minutes jusqu'à ce qu'ils soient tendres et la sauce épaissie.

## 169. Saumon au miel et à la moutarde

**Ingrédients : pour 4 personnes**
- 4 filets de saumon + 30 ml de miel
- 30 ml de moutarde de Dijon
- 5 g de sel + 5 g de poivre

**Préparation :**
1. Mélangez le miel, la moutarde de Dijon, le sel et le poivre.
2. Enrobez les filets de saumon avec ce mélange.
3. Faites cuire à 180°C pendant 12-15 minutes jusqu'à ce qu'ils soient dorés et laqués.

## 170. Filets de morue à la méditerranéenne

**Ingrédients : pour 4 personnes**
- 4 filets de morue + 30 ml d'huile d'olive
- 200 g de tomates concassées + 5 g d'origan frais
- 5 g de sel + 5 g de poivre

**Préparation :**
1. Enrobez les filets de morue avec l'huile d'olive, les tomates concassées, l'origan, le sel et le poivre.
2. Faites cuire à 180°C pendant 10-12 minutes jusqu'à ce que le poisson soit tendre et les tomates rôties.

# 171. Poisson-chat au cajun

### Ingrédients : pour 4 personnes
- 4 filets de poisson-chat
- 30 ml d'huile d'olive
- 5 g de mélange d'épices cajun
- 5 g de sel + 5 g de poivre

### Préparation :
1. Enrobez les filets de poisson-chat avec l'huile d'olive, le mélange d'épices cajun, le sel et le poivre.
2. Faites cuire à 180°C pendant 12-15 minutes jusqu'à ce qu'ils soient bien cuits et épicés.

# 172. Filets de bar à la provençale

### Ingrédients : pour 4 personnes
- 4 filets de bar + 30 ml d'huile d'olive
- 200 g de poivrons rouges et jaunes, coupés en dés
- 5 g d'herbes de Provence
- 5 g de sel + 5 g de poivre

### Préparation :
1. Enrobez les filets de bar avec l'huile d'olive, les poivrons, les herbes de Provence, le sel et le poivre.
2. Faites cuire à 180°C pendant 10-12 minutes jusqu'à ce que le poisson soit tendre et les poivrons rôtis.

# 173. Filets de pangasius au citron vert et à la coriandre

### Ingrédients : pour 4 personnes
- 4 filets de pangasius + 30 ml d'huile d'olive
- Jus et zeste de 2 citrons verts
- 20 g de coriandre fraîche, hachée
- 5 g de sel + 5 g de poivre

### Préparation :
1. Mélangez l'huile d'olive, le jus et le zeste de citron vert, la coriandre, le sel et le poivre.
2. Enrobez les filets de pangasius avec ce mélange.
3. Faites cuire à 180°C pendant 10-12 minutes jusqu'à ce qu'ils soient tendres et parfumés.

## 174. Filets de poisson à la moutarde et au thym

**Ingrédients : pour 4 personnes**
- 4 filets de poisson (au choix)
- 30 ml de moutarde de Dijon
- 5 g de thym frais + 5 g de sel
- 5 g de poivre

**Préparation :**
1. Enrobez les filets de poisson avec la moutarde de Dijon, le thym, le sel et le poivre.
2. Faites cuire à 180°C pendant 10-12 minutes jusqu'à ce qu'ils soient bien cuits et parfumés.

## 175. Filets de perche au beurre à l'ail et au citron

**Ingrédients : pour 4 personnes**
- 4 filets de perche + 30 ml de beurre fondu
- 5 gousses d'ail, hachées
- Jus et zeste de 1 citron
- 5 g de sel + 5 g de poivre

**Préparation :**
1. Mélangez le beurre fondu, l'ail, le jus et le zeste de citron, le sel et le poivre.
2. Enrobez les filets de perche avec ce mélange.
3. Faites cuire à 180°C pendant 10-12 minutes jusqu'à ce qu'ils soient tendres et parfumés.

## 176. Filets de mérou aux noix de cajou

**Ingrédients : pour 4 personnes**
- 4 filets de mérou + 30 ml d'huile d'olive
- 100 g de noix de cajou concassées
- 5 g de sel + 5 g de poivre

**Préparation :**
1. Enrobez les filets de mérou avec l'huile d'olive, les noix de cajou concassées, le sel et le poivre.
2. Faites cuire à 180°C pendant 10-12 minutes jusqu'à ce qu'ils soient tendres et les noix de cajou dorées.

## 177. Filets de brochet aux herbes fraîches

### Ingrédients : pour 4 personnes
- 4 filets de brochet + 30 ml d'huile d'olive
- 5 g d'estragon frais + 5 g de cerfeuil frais
- 5 g de sel + 5 g de poivre

### Préparation :
1. Enrobez les filets de brochet avec l'huile d'olive, l'estragon, le cerfeuil, le sel et le poivre.
2. Faites cuire à 180°C pendant 10-12 minutes jusqu'à ce qu'ils soient tendres et parfumés.

## 178. Filets de plie à la sauce aux câpres

### Ingrédients : pour 4 personnes
- 4 filets de plie + 30 ml d'huile d'olive
- 30 ml de câpres + 30 ml de jus de citron
- 5 g de sel + 5 g de poivre

### Préparation :
1. Enrobez les filets de plie avec l'huile d'olive, les câpres, le jus de citron, le sel et le poivre.
2. Faites cuire à 180°C pendant 8-10 minutes jusqu'à ce qu'ils soient tendres et la sauce épaissie.

## 179. Filets de raie aux amandes

### Ingrédients : pour 4 personnes
- 4 filets de raie
- 30 ml d'huile d'olive
- 100 g d'amandes effilées
- 5 g de sel
- 5 g de poivre

### Préparation :
1. Enrobez les filets de raie avec l'huile d'olive, les amandes effilées, le sel et le poivre.
2. Faites cuire à 180°C pendant 10-12 minutes jusqu'à ce qu'ils soient tendres et les amandes dorées.

# Bœuf, Porc, Agneau

## 180. Bœuf teriyaki

### Ingrédients : pour 4 personnes
- 500 g de tranches de bœuf
- 30 ml de sauce teriyaki
- 5 g de gingembre frais râpé
- 5 g de sel
- 5 g de poivre

### Préparation :
1. Mélangez la sauce teriyaki, le gingembre, le sel et le poivre.
2. Enrobez les tranches de bœuf avec ce mélange.
3. Faites cuire à 180°C pendant 8-10 minutes jusqu'à ce qu'elles soient cuites et légèrement caramélisées.

## 181. Bœuf aux légumes sautés

### Ingrédients : pour 4 personnes
- 500 g de fines tranches de bœuf
- 200 g de légumes mélangés (poivrons, brocolis, carottes)
- 30 ml de sauce soja + 5 g de gingembre frais râpé
- 5 g de sel + 5 g de poivre

### Préparation :
1. Mélangez la sauce soja, le gingembre, le sel et le poivre.
2. Enrobez les tranches de bœuf et les légumes avec ce mélange.
3. Faites cuire à 200°C pendant 6-8 minutes jusqu'à ce que la viande soit cuite et les légumes croquants.

## 182. Bœuf à l'ail et au brocoli

### Ingrédients : pour 4 personnes
- 500 g de tranches de bœuf
- 200 g de brocoli, coupé en bouquets
- 5 gousses d'ail, hachées + 30 ml de sauce soja
- 5 g de sel + 5 g de poivre

### Préparation :
1. Mélangez la sauce soja, l'ail, le sel et le poivre.
2. Enrobez les tranches de bœuf et les bouquets de brocoli avec ce mélange.
3. Faites cuire à 200°C pendant 8-10 minutes jusqu'à ce que la viande soit cuite et les légumes tendres.

# 183. Bœuf aux champignons

### Ingrédients : pour 4 personnes
- 500 g de tranches de bœuf
- 200 g de champignons tranchés
- 30 ml de sauce Worcestershire
- 5 g de thym frais + 5 g de sel
- 5 g de poivre

### Préparation :
1. Mélangez la sauce Worcestershire, le thym, le sel et le poivre.
2. Enrobez les tranches de bœuf et les champignons avec ce mélange.
3. Faites cuire à 180°C pendant 8-10 minutes jusqu'à ce que la viande soit cuite et les champignons dorés.

# 184. Bœuf au poivre noir

### Ingrédients : pour 4 personnes
- 500 g de tranches de bœuf
- 30 ml de sauce au poivre noir
- 5 g de sel
- 5 g de poivre noir moulu

### Préparation :
1. Mélangez la sauce au poivre noir, le sel et le poivre noir moulu.
2. Enrobez les tranches de bœuf avec ce mélange.
3. Faites cuire à 180°C pendant 8-10 minutes jusqu'à ce qu'elles soient cuites et bien parfumées.

# 185. Bœuf au curry

### Ingrédients : pour 4 personnes
- 500 g de tranches de bœuf
- 30 ml de pâte de curry rouge
- 30 ml de lait de coco
- 5 g de sel
- 5 g de poivre

### Préparation :
1. Mélangez la pâte de curry rouge, le lait de coco, le sel et le poivre.
2. Enrobez les tranches de bœuf avec ce mélange.
3. Faites cuire à 180°C pendant 8-10 minutes jusqu'à ce qu'elles soient cuites et parfumées.

# 186. Bœuf au paprika

### Ingrédients : pour 4 personnes
- 500 g de tranches de bœuf
- 30 ml d'huile d'olive
- 10 g de paprika doux
- 5 g de sel
- 5 g de poivre

### Préparation :
1. Mélangez l'huile d'olive, le paprika doux, le sel et le poivre.
2. Enrobez les tranches de bœuf avec ce mélange.
3. Faites cuire à 180°C pendant 8-10 minutes jusqu'à ce qu'elles soient cuites et parfumées.

# 187. Bœuf à l'oignon et au vin rouge

### Ingrédients : pour 4 personnes
- 500 g de tranches de bœuf
- 2 oignons, émincés
- 30 ml de vin rouge
- 5 g de thym frais + 5 g de sel
- 5 g de poivre

### Préparation :
1. Mélangez le vin rouge, les oignons, le thym, le sel et le poivre.
2. Enrobez les tranches de bœuf avec ce mélange.
3. Faites cuire à 180°C pendant 8-10 minutes jusqu'à ce qu'elles soient cuites et les oignons fondants.

# 188. Bœuf à la moutarde et au miel

### Ingrédients : pour 4 personnes
- 500 g de tranches de bœuf
- 30 ml de moutarde de Dijon
- 30 ml de miel + 5 g de sel + 5 g de poivre

### Préparation :
1. Mélangez la moutarde de Dijon, le miel, le sel et le poivre.
2. Enrobez les tranches de bœuf avec ce mélange.
3. Faites cuire à 180°C pendant 8-10 minutes jusqu'à ce qu'elles soient cuites et laquées.

## 189. Bœuf au fromage bleu

**Ingrédients : pour 4 personnes**
- 500 g de tranches de bœuf
- 100 g de fromage bleu émietté
- 5 g de thym frais
- 5 g de sel
- 5 g de poivre

**Préparation :**
1. Saupoudrez les tranches de bœuf de fromage bleu émietté, de thym, de sel et de poivre.
2. Faites cuire à 180°C pendant 8-10 minutes jusqu'à ce que la viande soit cuite et le fromage fondu.

## 190. Filets de porc au barbecue

**Ingrédients : pour 4 personnes**
- 500 g de filets de porc
- 30 ml de sauce barbecue
- 5 g de paprika fumé
- 5 g de sel + 5 g de poivre

**Préparation :**
1. Mélangez la sauce barbecue, le paprika fumé, le sel et le poivre.
2. Enrobez les filets de porc avec ce mélange.
3. Faites cuire à 180°C pendant 12-15 minutes jusqu'à ce qu'ils soient bien cuits et caramélisés.

## 191. Filets de porc à la moutarde et au miel

**Ingrédients : pour 4 personnes**
- 500 g de filets de porc
- 30 ml de moutarde de Dijon
- 30 ml de miel + 5 g de sel
- 5 g de poivre

**Préparation :**
1. Mélangez la moutarde de Dijon, le miel, le sel et le poivre.
2. Enrobez les filets de porc avec ce mélange.
3. Faites cuire à 180°C pendant 12-15 minutes jusqu'à ce qu'ils soient bien cuits et laqués.

## 192. Filets de porc à l'ail et au romarin

### Ingrédients : pour 4 personnes
- 500 g de filets de porc
- 5 gousses d'ail, hachées
- 20 g de romarin frais, haché
- 30 ml d'huile d'olive + 5 g de sel
- 5 g de poivre

### Préparation :
1. Mélangez l'ail, le romarin, l'huile d'olive, le sel et le poivre.
2. Enrobez les filets de porc avec ce mélange.
3. Faites cuire à 180°C pendant 12-15 minutes jusqu'à ce qu'ils soient bien cuits et parfumés.

## 193. Côtes de porc au thym citronné

### Ingrédients : pour 4 personnes
- 4 côtes de porc
- Zeste et jus de 2 citrons
- 5 g de thym frais + 30 ml d'huile d'olive
- 5 g de sel + 5 g de poivre

### Préparation :
1. Mélangez le zeste et le jus de citron, le thym, l'huile d'olive, le sel et le poivre.
2. Enrobez les côtes de porc avec ce mélange.
3. Faites cuire à 180°C pendant 12-15 minutes jusqu'à ce qu'elles soient bien cuites et parfumées.

## 194. Filets de porc à la sauce aigre-douce

### Ingrédients : pour 4 personnes
- 500 g de filets de porc
- 30 ml de sauce aigre-douce
- 5 g de sel + 5 g de poivre

### Préparation :
1. Enrobez les filets de porc avec la sauce aigre-douce, le sel et le poivre.
2. Faites cuire à 180°C pendant 12-15 minutes jusqu'à ce qu'ils soient bien cuits et laqués.

## 195. Filets de porc aux champignons

**Ingrédients : pour 4 personnes**
- 500 g de filets de porc
- 200 g de champignons tranchés
- 30 ml de crème fraîche
- 5 g de sel + 5 g de poivre

**Préparation :**
1. Mélangez la crème fraîche, les champignons, le sel et le poivre.
2. Enrobez les filets de porc avec ce mélange.
3. Faites cuire à 180°C pendant 12-15 minutes jusqu'à ce qu'ils soient bien cuits et la sauce crémeuse.

## 196. Filets de porc au miel et à la moutarde

**Ingrédients : pour 4 personnes**
- 500 g de filets de porc
- 30 ml de miel + 30 ml de moutarde de Dijon
- 5 g de sel + 5 g de poivre

**Préparation :**
1. Mélangez le miel, la moutarde de Dijon, le sel et le poivre.
2. Enrobez les filets de porc avec ce mélange.
3. Faites cuire à 180°C pendant 12-15 minutes jusqu'à ce qu'ils soient bien cuits et laqués.

## 197. Côtelettes de porc au romarin et à l'ail

**Ingrédients : pour 4 personnes**
- 4 côtelettes de porc + 5 gousses d'ail, hachées
- 20 g de romarin frais, haché + 30 ml d'huile d'olive
- 5 g de sel + 5 g de poivre

**Préparation :**
1. Mélangez l'ail, le romarin, l'huile d'olive, le sel et le poivre.
2. Enrobez les côtelettes de porc avec ce mélange.
3. Faites cuire à 180°C pendant 12-15 minutes jusqu'à ce que les côtelettes de porc soient bien cuites et parfumées.

# 198. Boulettes de porc à la sauce aigre-douce

### Ingrédients : pour 4 personnes
- 500 g de viande de porc hachée
- 30 ml de sauce soja + 30 ml de vinaigre de riz
- 30 ml de ketchup + 30 ml de miel
- 5 g de sel + 5 g de poivre

### Préparation :
1. Mélangez la viande de porc hachée, la sauce soja, le vinaigre de riz, le ketchup, le miel, le sel et le poivre. Formez des boulettes avec ce mélange.
2. Faites cuire à 180°C pendant 10-12 minutes jusqu'à ce qu'elles soient bien cuites et laquées.

# 199. Porc à la sauce au poivre noir

### Ingrédients : pour 4 personnes
- 500 g de fines tranches de porc
- 30 ml de sauce au poivre noir
- 5 g de sel + 5 g de poivre noir moulu

### Préparation :
1. Enrobez les tranches de porc avec la sauce au poivre noir, le sel et le poivre noir moulu.
2. Faites cuire à 180°C pendant 8-10 minutes jusqu'à ce qu'elles soient cuites et bien parfumées.

# 200. Côtelettes d'agneau à la menthe

### Ingrédients : pour 4 personnes
- 4 côtelettes d'agneau
- 30 ml d'huile d'olive
- 20 g de menthe fraîche, hachée
- Zeste et jus d'1 citron
- 5 g de sel + 5 g de poivre

### Préparation :
1. Mélangez l'huile d'olive, la menthe, le zeste et le jus de citron, le sel et le poivre.
2. Enrobez les côtelettes d'agneau avec ce mélange.
3. Faites cuire à 180°C pendant 8-10 minutes jusqu'à ce qu'elles soient bien cuites et parfumées.

## 201. Brochettes d'agneau au cumin

**Ingrédients : pour 4 personnes**
- 500 g de cubes d'agneau
- 30 ml d'huile d'olive
- 10 g de cumin moulu
- 5 g de sel
- 5 g de poivre

**Préparation :**
1. Mélangez l'huile d'olive, le cumin moulu, le sel et le poivre.
2. Enrobez les cubes d'agneau avec ce mélange et enfilez-les sur des brochettes.
3. Faites cuire à 180°C pendant 8-10 minutes jusqu'à ce qu'ils soient bien cuits et parfumés.

## 202. Agneau aux herbes provençales

**Ingrédients : pour 4 personnes**
- 500 g de cubes d'agneau
- 30 ml d'huile d'olive
- 10 g d'herbes de Provence
- 5 g de sel + 5 g de poivre

**Préparation :**
1. Mélangez l'huile d'olive, les herbes de Provence, le sel et le poivre.
2. Enrobez les cubes d'agneau avec ce mélange.
3. Faites cuire à 180°C pendant 8-10 minutes jusqu'à ce qu'ils soient bien cuits et parfumés.

## 203. Agneau au curry

**Ingrédients : pour 4 personnes**
- 500 g de cubes d'agneau
- 30 ml de pâte de curry rouge
- 30 ml de lait de coco
- 5 g de sel + 5 g de poivre

**Préparation :**
1. Mélangez la pâte de curry rouge, le lait de coco, le sel et le poivre.
2. Enrobez les cubes d'agneau avec ce mélange.
3. Faites cuire à 180°C pendant 8-10 minutes jusqu'à ce qu'ils soient bien cuits et parfumés.

## 204. Côtelettes d'agneau au romarin

### Ingrédients : pour 4 personnes
- 4 côtelettes d'agneau
- 30 ml d'huile d'olive
- 20 g de romarin frais, haché
- Zeste et jus d'1 citron
- 5 g de sel + 5 g de poivre

### Préparation :
1. Mélangez l'huile d'olive, le romarin, le zeste et le jus de citron, le sel et le poivre.
2. Enrobez les côtelettes d'agneau avec ce mélange.
3. Faites cuire à 180°C pendant 8-10 minutes jusqu'à ce qu'elles soient bien cuites et parfumées.

## 205. Agneau à l'ail et au citron

### Ingrédients : pour 4 personnes
- 500 g de cubes d'agneau
- 5 gousses d'ail, hachées
- Zeste et jus de 2 citrons
- 30 ml d'huile d'olive
- 5 g de sel + 5 g de poivre

### Préparation :
1. Mélangez l'ail, le zeste et le jus de citron, l'huile d'olive, le sel et le poivre.
2. Enrobez les cubes d'agneau avec ce mélange.
3. Faites cuire à 180°C pendant 8-10 minutes jusqu'à ce qu'ils soient bien cuits et parfumés.

## 206. Agneau à la moutarde et au miel

### Ingrédients : pour 4 personnes
- 500 g de cubes d'agneau
- 30 ml de moutarde de Dijon
- 30 ml de miel + 5 g de sel + 5 g de poivre

### Préparation :
1. Mélangez la moutarde de Dijon, le miel, le sel et le poivre.
2. Enrobez les cubes d'agneau avec ce mélange.
3. Faites cuire à 180°C pendant 8-10 minutes jusqu'à ce qu'ils soient bien cuits et laqués.

# 207. Agneau au yaourt et aux épices

**Ingrédients : pour 4 personnes**
- 500 g de cubes d'agneau
- 150 g de yaourt nature
- 10 g de mélange d'épices pour tandoori
- 5 g de sel + 5 g de poivre

**Préparation :**
1. Mélangez le yaourt nature, le mélange d'épices pour tandoori, le sel et le poivre.
2. Enrobez les cubes d'agneau avec ce mélange.
3. Faites cuire à 180°C pendant 8-10 minutes jusqu'à ce qu'ils soient bien cuits et parfumés.

# 208. Agneau aux légumes méditerranéens

**Ingrédients : pour 4 personnes**
- 500 g de cubes d'agneau
- 200 g de légumes méditerranéens (aubergines, courgettes, poivrons)
- 30 ml d'huile d'olive
- 5 g de sel + 5 g de poivre

**Préparation :**
1. Mélangez l'huile d'olive, le sel et le poivre.
2. Enrobez les cubes d'agneau et les légumes méditerranéens avec ce mélange.
3. Faites cuire à 180°C pendant 8-10 minutes jusqu'à ce que la viande soit bien cuite et les légumes tendres.

# 209. Agneau à la sauce aux herbes

**Ingrédients : pour 4 personnes**
- 500 g de cubes d'agneau
- 30 ml de sauce aux herbes
- 5 g de sel
- 5 g de poivre

**Préparation :**
1. Enrobez les cubes d'agneau avec la sauce aux herbes, le sel et le poivre.
2. Faites cuire à 180°C pendant 8-10 minutes jusqu'à ce qu'ils soient bien cuits et parfumés.

# Rondelles de légumes assaisonnées

## 210. Rondelles de courgettes à l'huile d'olive et au parmesan

**Ingrédients : pour 4 personnes**
- 2 courgettes, coupées en rondelles
- 30 ml d'huile d'olive + 30 g de parmesan râpé
- 5 g d'origan séché + 5 g de sel
- 5 g de poivre

**Préparation :**
1. Mélangez les rondelles de courgettes avec l'huile d'olive, le parmesan, l'origan, le sel et le poivre.
2. Faites cuire à 180°C pendant 8-10 minutes jusqu'à ce qu'elles soient dorées et croustillantes.

## 211. Rondelles de courgettes à l'ail et au citron

**Ingrédients : pour 4 personnes**
- 2 courgettes, coupées en rondelles + 5 gousses d'ail, hachées
- Zeste et jus de 1 citron + 30 ml d'huile d'olive
- 5 g de sel + 5 g de poivre

**Préparation :**
1. Mélangez les rondelles de courgettes avec l'ail, le zeste et le jus de citron, l'huile d'olive, le sel et le poivre.
2. Faites cuire à 180°C pendant 8-10 minutes jusqu'à ce qu'elles soient tendres et parfumées.

## 212. Rondelles de courgettes au curry

**Ingrédients : pour 4 personnes**
- 2 courgettes, coupées en rondelles
- 30 ml d'huile d'olive + 10 g de poudre de curry
- 5 g de sel + 5 g de poivre

**Préparation :**
1. Mélangez les rondelles de courgettes avec l'huile d'olive, la poudre de curry, le sel et le poivre.
2. Faites cuire à 180°C pendant 8-10 minutes jusqu'à ce qu'elles soient dorées et parfumées.

## 213. Rondelles de courgettes au thym

**Ingrédients : pour 4 personnes**
- 2 courgettes, coupées en rondelles
- 30 ml d'huile d'olive
- 10 g de thym frais
- 5 g de sel + 5 g de poivre

**Préparation :**
1. Mélangez les rondelles de courgettes avec l'huile d'olive, le thym, le sel et le poivre.
2. Faites cuire à 180°C pendant 8-10 minutes jusqu'à ce qu'elles soient tendres et parfumées.

## 214. Rondelles de courgettes à la sauce balsamique

**Ingrédients : pour 4 personnes**
- 2 courgettes, coupées en rondelles
- 30 ml de vinaigre balsamique + 30 ml d'huile d'olive
- 5 g de sucre + 5 g de sel + 5 g de poivre

**Préparation :**
1. Mélangez les rondelles de courgettes avec le vinaigre balsamique, l'huile d'olive, le sucre, le sel et le poivre.
2. Faites cuire à 180°C pendant 8-10 minutes jusqu'à ce qu'elles soient caramélisées.

## 215. Rondelles de pommes de terre à l'ail et au romarin

**Ingrédients : pour 4 personnes**
- 2 pommes de terre, coupées en rondelles
- 5 gousses d'ail, hachées + 20 g de romarin frais, haché
- 30 ml d'huile d'olive + 5 g de sel + 5 g de poivre

**Préparation :**
1. Mélangez les rondelles de pommes de terre avec l'ail, le romarin, l'huile d'olive, le sel et le poivre.
2. Faites cuire à 180°C pendant 10-12 minutes jusqu'à ce qu'elles soient croustillantes.

## 216. Rondelles de pommes de terre au parmesan et au persil

### Ingrédients : pour 4 personnes
- 2 pommes de terre, coupées en rondelles
- 30 g de parmesan râpé + 20 g de persil frais, haché
- 30 ml d'huile d'olive + 5 g de sel + 5 g de poivre

### Préparation :
1. Mélangez les rondelles de pommes de terre avec le parmesan, le persil, l'huile d'olive, le sel et le poivre.
2. Faites cuire à 180°C pendant 10-12 minutes jusqu'à ce qu'elles soient dorées et croustillantes.

## 217. Rondelles de pommes de terre au paprika

### Ingrédients : pour 4 personnes
- 2 pommes de terre, coupées en rondelles
- 30 ml d'huile d'olive + 10 g de paprika doux
- 5 g de sel + 5 g de poivre

### Préparation :
1. Mélangez les rondelles de pommes de terre avec l'huile d'olive, le paprika doux, le sel et le poivre.
2. Faites cuire à 180°C pendant 10-12 minutes jusqu'à ce qu'elles soient croustillantes.

## 218. Rondelles de pommes de terre au thym citronné

### Ingrédients : pour 4 personnes
- 2 pommes de terre, coupées en rondelles
- Zeste et jus de 1 citron + 20 g de thym frais, haché
- 30 ml d'huile d'olive + 5 g de sel + 5 g de poivre

### Préparation :
1. Mélangez les rondelles de pommes de terre avec le zeste et le jus de citron, le thym, l'huile d'olive, le sel et le poivre.
2. Faites cuire à 180°C pendant 10-12 minutes jusqu'à ce qu'elles soient croustillantes.

## 219. Rondelles de pommes de terre à la sauce ranch

### Ingrédients : pour 4 personnes
- 2 pommes de terre, coupées en rondelles
- 30 ml de sauce ranch
- 5 g de sel + 5 g de poivre

### Préparation :
1. Enrobez les rondelles de pommes de terre avec la sauce ranch, le sel et le poivre.
2. Faites cuire à 180°C pendant 10-12 minutes jusqu'à ce qu'elles soient croustillantes.

## 220. Rondelles de carottes au miel et à la moutarde

### Ingrédients : pour 4 personnes
- 2 carottes, coupées en rondelles
- 30 ml de miel + 30 ml de moutarde de Dijon
- 5 g de sel + 5 g de poivre

### Préparation :
1. Mélangez les rondelles de carottes avec le miel, la moutarde de Dijon, le sel et le poivre.
2. Faites cuire à 180°C pendant 8-10 minutes jusqu'à ce qu'elles soient dorées et laquées.

## 221. Rondelles de carottes au cumin

### Ingrédients : pour 4 personnes
- 2 carottes, coupées en rondelles
- 30 ml d'huile d'olive
- 10 g de cumin moulu
- 5 g de sel
- 5 g de poivre

### Préparation :
1. Mélangez les rondelles de carottes avec l'huile d'olive, le cumin moulu, le sel et le poivre.
2. Faites cuire à 180°C pendant 8-10 minutes jusqu'à ce qu'elles soient tendres et parfumées.

## 222. Rondelles de carottes au thym et à l'ail

**Ingrédients : pour 4 personnes**
- 2 carottes, coupées en rondelles
- 5 gousses d'ail, hachées + 20 g de thym frais, haché
- 30 ml d'huile d'olive + 5 g de sel + 5 g de poivre

**Préparation :**
1. Mélangez les rondelles de carottes avec l'ail, le thym, l'huile d'olive, le sel et le poivre.
2. Faites cuire à 180°C pendant 8-10 minutes jusqu'à ce qu'elles soient tendres et parfumées.

## 223. Rondelles de carottes au romarin et au miel

**Ingrédients : pour 4 personnes**
- 2 carottes, coupées en rondelles
- 30 ml de miel + 20 g de romarin frais, haché
- 30 ml d'huile d'olive + 5 g de sel + 5 g de poivre

**Préparation :**
1. Mélangez les rondelles de carottes avec le miel, le romarin, l'huile d'olive, le sel et le poivre.
2. Faites cuire à 180°C pendant 8-10 minutes jusqu'à ce qu'elles soient tendres et laquées.

## 224. Rondelles de carottes à la sauce teriyaki

**Ingrédients : pour 4 personnes**
- 2 carottes, coupées en rondelles
- 30 ml de sauce teriyaki + 5 g de sésame grillé
- 5 g de sel + 5 g de poivre

**Préparation :**
1. Enrobez les rondelles de carottes avec la sauce teriyaki, le sésame grillé, le sel et le poivre.
2. Faites cuire à 180°C pendant 8-10 minutes jusqu'à ce qu'elles soient dorées et laquées.

## 225. Rondelles de poivrons au paprika fumé

### Ingrédients : pour 4 personnes
- 2 poivrons, coupés en rondelles
- 30 ml d'huile d'olive + 10 g de paprika fumé
- 5 g de sel + 5 g de poivre

### Préparation :
1. Mélangez les rondelles de poivrons avec l'huile d'olive, le paprika fumé, le sel et le poivre.
2. Faites cuire à 180°C pendant 8-10 minutes jusqu'à ce qu'elles soient tendres et parfumées.

## 226. Rondelles de poivrons à l'ail et au persil

### Ingrédients : pour 4 personnes
- 2 poivrons, coupés en rondelles
- 5 gousses d'ail, hachées + 20 g de persil frais, haché
- 30 ml d'huile d'olive + 5 g de sel + 5 g de poivre

### Préparation :
1. Mélangez les rondelles de poivrons avec l'ail, le persil, l'huile d'olive, le sel et le poivre.
2. Faites cuire à 180°C pendant 8-10 minutes jusqu'à ce qu'elles soient tendres et parfumées.

## 227. Rondelles de poivrons à la sauce barbecue

### Ingrédients : pour 4 personnes
- 2 poivrons, coupés en rondelles + 30 ml de sauce barbecue
- 5 g de sel + 5 g de poivre

### Préparation :
1. Enrobez les rondelles de poivrons avec la sauce barbecue, le sel et le poivre.
2. Faites cuire à 180°C pendant 8-10 minutes jusqu'à ce qu'elles soient dorées et laquées.

## 228. Rondelles d'aubergines au zaatar

**Ingrédients : pour 4 personnes**
- 2 aubergines, coupées en rondelles
- 30 ml d'huile d'olive
- 10 g de zaatar
- 5 g de sel
- 5 g de poivre

**Préparation :**
1. Mélangez les rondelles d'aubergines avec l'huile d'olive, le zaatar, le sel et le poivre.
2. Faites cuire à 180°C pendant 10-12 minutes jusqu'à ce qu'elles soient dorées et tendres.

## 229. Rondelles d'aubergines au curry

**Ingrédients : pour 4 personnes**
- 2 aubergines, coupées en rondelles
- 30 ml d'huile d'olive
- 10 g de poudre de curry
- 5 g de sel + 5 g de poivre

**Préparation :**
1. Mélangez les rondelles d'aubergines avec l'huile d'olive, la poudre de curry, le sel et le poivre.
2. Faites cuire à 180°C pendant 10-12 minutes jusqu'à ce qu'elles soient tendres et parfumées.

## 230. Rondelles d'aubergines au fromage feta

**Ingrédients : pour 4 personnes**
- 2 aubergines, coupées en rondelles + 30 g de fromage feta émietté
- 30 ml d'huile d'olive + 5 g d'origan séché
- 5 g de sel + 5 g de poivre

**Préparation :**
1. Mélangez les rondelles d'aubergines avec le fromage feta, l'huile d'olive, l'origan, le sel et le poivre.
2. Faites cuire à 180°C pendant 10-12 minutes jusqu'à ce qu'elles soient dorées et fondantes.

## 231. Rondelles de champignons à l'ail et au persil

**Ingrédients : pour 4 personnes**
- 200 g de champignons, coupés en rondelles
- 5 gousses d'ail, hachées + 20 g de persil frais, haché
- 30 ml d'huile d'olive + 5 g de sel
- 5 g de poivre

**Préparation :**
1. Mélangez les rondelles de champignons avec l'ail, le persil, l'huile d'olive, le sel et le poivre.
2. Faites cuire à 180°C pendant 8-10 minutes jusqu'à ce qu'elles soient tendres et parfumées.

## 232. Rondelles de champignons au parmesan

**Ingrédients : pour 4 personnes**
- 200 g de champignons, coupés en rondelles
- 30 g de parmesan râpé + 30 ml d'huile d'olive
- 5 g d'origan séché + 5 g de sel + 5 g de poivre

**Préparation :**
1. Mélangez les rondelles de champignons avec le parmesan, l'huile d'olive, l'origan, le sel et le poivre.
2. Faites cuire à 180°C pendant 8-10 minutes jusqu'à ce qu'elles soient dorées et savoureuses.

## 233. Rondelles de champignons au balsamique

**Ingrédients : pour 4 personnes**
- 200 g de champignons, coupés en rondelles + 30 ml de vinaigre balsamique
- 30 ml d'huile d'olive + 5 g de sucre + 5 g de sel + 5 g de poivre

**Préparation :**
1. Mélangez les rondelles de champignons avec le vinaigre balsamique, l'huile d'olive, le sucre, le sel et le poivre.
2. Faites cuire à 180°C pendant 8-10 minutes jusqu'à ce qu'elles soient caramélisées.

## 234. Rondelles de tomates à l'origan et au fromage parmesan

**Ingrédients : pour 4 personnes**
- 2 tomates, coupées en rondelles
- 30 g de parmesan râpé + 10 g d'origan séché
- 30 ml d'huile d'olive + 5 g de sel + 5 g de poivre

**Préparation :**
1. Mélangez les rondelles de tomates avec le parmesan, l'origan, l'huile d'olive, le sel et le poivre.
2. Faites cuire à 180°C pendant 8-10 minutes jusqu'à ce qu'elles soient dorées et savoureuses.

## 235. Rondelles de tomates à la sauce pesto

**Ingrédients : pour 4 personnes**
- 2 tomates, coupées en rondelles
- 30 ml de sauce pesto
- 5 g de sel + 5 g de poivre

**Préparation :**
1. Enrobez les rondelles de tomates avec la sauce pesto, le sel et le poivre.
2. Faites cuire à 180°C pendant 8-10 minutes jusqu'à ce qu'elles soient parfumées.

## 236. Rondelles de tomates au balsamique et à la mozzarella

**Ingrédients : pour 4 personnes**
- 2 tomates, coupées en rondelles + 30 ml de vinaigre balsamique
- 30 g de mozzarella coupée en petits morceaux
- 5 g de sel + 5 g de poivre

**Préparation :**
1. Mélangez les rondelles de tomates avec le vinaigre balsamique, la mozzarella, le sel et le poivre.
2. Faites cuire à 180°C pendant 8-10 minutes jusqu'à ce qu'elles soient légèrement fondantes.

## 237. Rondelles d'oignons caramélisées

**Ingrédients : pour 4 personnes**
- 2 oignons, coupés en rondelles
- 30 ml d'huile d'olive + 30 g de sucre
- 5 g de sel + 5 g de poivre

**Préparation :**
1. Mélangez les rondelles d'oignons avec l'huile d'olive, le sucre, le sel et le poivre.
2. Faites cuire à 180°C pendant 8-10 minutes jusqu'à ce qu'elles soient caramélisées.

## 238. Rondelles d'oignons à la sauce barbecue

**Ingrédients : pour 4 personnes**
- 2 oignons, coupés en rondelles
- 30 ml de sauce barbecue
- 5 g de sel
- 5 g de poivre

**Préparation :**
1. Enrobez les rondelles d'oignons avec la sauce barbecue, le sel et le poivre.
2. Faites cuire à 180°C pendant 8-10 minutes jusqu'à ce qu'elles soient dorées et laquées.

## 239. Rondelles d'oignons au vinaigre balsamique et au romarin

**Ingrédients : pour 4 personnes**
- 2 oignons, coupés en rondelles
- 30 ml de vinaigre balsamique
- 20 g de romarin frais, haché + 30 ml d'huile d'olive
- 5 g de sel + 5 g de poivre

**Préparation :**
1. Mélangez les rondelles d'oignons avec le vinaigre balsamique, le romarin, l'huile d'olive, le sel et le poivre.
2. Faites cuire à 180°C pendant 8-10 minutes jusqu'à ce qu'elles soient caramélisées et parfumées.

# Plats
## d'accompagnement

## 240. Pommes de terre rôties à l'ail et au romarin

### Ingrédients : pour 4 personnes
- 500 g de pommes de terre, coupées en quartiers
- 5 gousses d'ail, hachées + 20 g de romarin frais, haché
- 30 ml d'huile d'olive + 5 g de sel + 5 g de poivre

### Préparation :
1. Mélangez les quartiers de pommes de terre avec l'ail, le romarin, l'huile d'olive, le sel et le poivre.
2. Faites cuire à 180°C pendant 15-20 minutes jusqu'à ce qu'elles soient dorées et croustillantes.

## 241. Pommes de terre au parmesan et à l'origan

### Ingrédients : pour 4 personnes
- 500 g de pommes de terre, coupées en quartiers
- 30 g de parmesan râpé + 10 g d'origan séché
- 30 ml d'huile d'olive + 5 g de sel + 5 g de poivre

### Préparation :
1. Mélangez les quartiers de pommes de terre avec le parmesan, l'origan, l'huile d'olive, le sel et le poivre.
2. Faites cuire à 180°C pendant 15-20 minutes jusqu'à ce qu'elles soient dorées et parfumées.

## 242. Pommes de terre douces rôties à la cannelle et au miel

### Ingrédients : pour 4 personnes
- 500 g de pommes de terre douces, coupées en quartiers
- 10 g de cannelle en poudre + 30 ml de miel + 30 ml d'huile d'olive
- 5 g de sel + 5 g de poivre

### Préparation :
1. Mélangez les quartiers de pommes de terre douces avec la cannelle, le miel, l'huile d'olive, le sel et le poivre.
2. Faites cuire à 180°C pendant 15-20 minutes jusqu'à ce qu'elles soient tendres et légèrement caramélisées.

## 243. Pommes de terre au bacon et au fromage cheddar

**Ingrédients : pour 4 personnes**
- 500 g de pommes de terre, coupées en quartiers
- 100 g de bacon, coupé en lardons et cuit
- 100 g de fromage cheddar râpé + 30 ml d'huile d'olive
- 5 g de sel + 5 g de poivre

**Préparation :**
1. Mélangez les quartiers de pommes de terre avec les lardons de bacon, le fromage cheddar, l'huile d'olive, le sel et le poivre.
2. Faites cuire à 180°C pendant 15-20 minutes jusqu'à ce qu'elles soient dorées et fondantes.

## 244. Pommes de terre à l'ail et au parmesan

**Ingrédients : pour 4 personnes**
- 500 g de pommes de terre, coupées en quartiers
- 5 gousses d'ail, hachées + 30 g de parmesan râpé
- 30 ml d'huile d'olive + 5 g de sel + 5 g de poivre

**Préparation :**
1. Mélangez les quartiers de pommes de terre avec l'ail, le parmesan, l'huile d'olive, le sel et le poivre.
2. Faites cuire à 180°C pendant 15-20 minutes jusqu'à ce qu'elles soient dorées et parfumées.

## 245. Asperges grillées au citron et au parmesan

**Ingrédients : pour 4 personnes**
- 500 g d'asperges, parées + Zeste et jus de 1 citron + 30 g de parmesan râpé
- 30 ml d'huile d'olive + 5 g de sel + 5 g de poivre

**Préparation :**
1. Mélangez les asperges avec le zeste et le jus de citron, le parmesan, l'huile d'olive, le sel et le poivre.
2. Faites cuire à 180°C pendant 8-10 minutes jusqu'à ce qu'elles soient tendres et parfumées.

## 246. Brocolis au parmesan et à l'ail

**Ingrédients : pour 4 personnes**
- 500 g de brocolis, coupés en fleurettes
- 5 gousses d'ail, hachées + 30 g de parmesan râpé
- 30 ml d'huile d'olive + 5 g de sel + 5 g de poivre

**Préparation :**
1. Mélangez les fleurettes de brocolis avec l'ail, le parmesan, l'huile d'olive, le sel et le poivre.
2. Faites cuire à 180°C pendant 8-10 minutes jusqu'à ce qu'elles soient tendres et parfumées.

## 247. Courgettes grillées au thym et au citron

**Ingrédients : pour 4 personnes**
- 500 g de courgettes, coupées en rondelles
- 20 g de thym frais, haché + Zeste et jus de 1 citron
- 30 ml d'huile d'olive + 5 g de sel + 5 g de poivre

**Préparation :**
1. Mélangez les rondelles de courgettes avec le thym, le zeste et le jus de citron, l'huile d'olive, le sel et le poivre.
2. Faites cuire à 180°C pendant 8-10 minutes jusqu'à ce qu'elles soient tendres et parfumées.

## 248. Carottes rôties au miel et au cumin

**Ingrédients : pour 4 personnes**
- 500 g de carottes, coupées en rondelles
- 30 ml de miel + 10 g de cumin moulu
- 30 ml d'huile d'olive + 5 g de sel + 5 g de poivre

**Préparation :**
1. Mélangez les rondelles de carottes avec le miel, le cumin moulu, l'huile d'olive, le sel et le poivre.
2. Faites cuire à 180°C pendant 8-10 minutes jusqu'à ce qu'elles soient tendres et légèrement caramélisées.

## 249. Haricots verts grillés à l'ail et au parmesan

### Ingrédients : pour 4 personnes
- 500 g d'haricots verts, parés + 5 gousses d'ail, hachées
- 30 g de parmesan râpé + 30 ml d'huile d'olive
- 5 g de sel + 5 g de poivre

### Préparation :
1. Mélangez les haricots verts avec l'ail, le parmesan, l'huile d'olive, le sel et le poivre.
2. Faites cuire à 180°C pendant 8-10 minutes jusqu'à ce qu'ils soient tendres et parfumés.

## 250. Épis de maïs grillés au beurre d'ail et au persil

### Ingrédients : pour 4 personnes
- 4 épis de maïs, épluchés + 5 gousses d'ail, hachées
- 20 g de persil frais, haché + 30 g de beurre fondu
- 5 g de sel + 5 g de poivre

### Préparation :
1. Mélangez les épis de maïs avec l'ail, le persil, le beurre fondu, le sel et le poivre.
2. Faites cuire à 180°C pendant 10-12 minutes jusqu'à ce qu'ils soient tendres et parfumés.

## 251. Épis de maïs grillés au paprika et au fromage cheddar

### Ingrédients : pour 4 personnes
- 4 épis de maïs, épluchés + 10 g de paprika doux en poudre
- 100 g de fromage cheddar râpé + 30 ml d'huile d'olive
- 5 g de sel + 5 g de poivre

### Préparation :
1. Mélangez les épis de maïs avec le paprika, le fromage cheddar, l'huile d'olive, le sel et le poivre.
2. Faites cuire à 180°C pendant 10-12 minutes jusqu'à ce qu'ils soient dorés et fondants.

## 252. Courges butternut rôties à la cannelle et au miel

### Ingrédients : pour 4 personnes
- 500 g de courge butternut, coupée en dés
- 10 g de cannelle en poudre + 30 ml de miel
- 30 ml d'huile d'olive + 5 g de sel + 5 g de poivre

### Préparation :
1. Mélangez les dés de courge butternut avec la cannelle, le miel, l'huile d'olive, le sel et le poivre.
2. Faites cuire à 180°C pendant 15-20 minutes jusqu'à ce qu'ils soient tendres et légèrement caramélisés.

## 253. Courges spaghetti à l'ail et au parmesan

### Ingrédients : pour 4 personnes
- 500 g de courges spaghetti, cuits et égrenés
- 5 gousses d'ail, hachées + 30 g de parmesan râpé
- 30 ml d'huile d'olive + 5 g de sel + 5 g de poivre

### Préparation :
1. Mélangez les courges spaghetti avec l'ail, le parmesan, l'huile d'olive, le sel et le poivre.
2. Faites cuire à 180°C pendant 8-10 minutes jusqu'à ce qu'elles soient chaudes et parfumées.

## 254. Champignons grillés à l'ail et au persil

### Ingrédients : pour 4 personnes
- 500 g de champignons, coupés en quartiers
- 5 gousses d'ail, hachées + 20 g de persil frais, haché
- 30 ml d'huile d'olive + 5 g de sel + 5 g de poivre

### Préparation :
1. Mélangez les quartiers de champignons avec l'ail, le persil, l'huile d'olive, le sel et le poivre.
2. Faites cuire à 180°C pendant 8-10 minutes jusqu'à ce qu'ils soient tendres et parfumés.

## 255. Champignons farcis au fromage de chèvre et aux épinards

**Ingrédients : pour 4 personnes**
- 500 g de gros champignons, évidés + 100 g de fromage de chèvre émietté
- 100 g d'épinards hachés + 30 ml d'huile d'olive + 5 g de sel + 5 g de poivre

**Préparation :**
1. Mélangez le fromage de chèvre et les épinards, puis farcissez les champignons.
2. Badigeonnez-les d'huile d'olive, de sel et de poivre.
3. Faites cuire à 180°C pendant 10-12 minutes jusqu'à ce qu'ils soient dorés et fondants.

## 256. Mélange de légumes grillés à l'italienne

**Ingrédients : pour 4 personnes**
- 500 g de mélange de légumes (poivrons, courgettes, aubergines), coupés en dés
- 30 ml d'huile d'olive + 10 g d'origan séché
- 10 g de basilic frais, haché + 5 g de sel + 5 g de poivre

**Préparation :**
1. Mélangez les dés de légumes avec l'huile d'olive, l'origan, le basilic, le sel et le poivre.
2. Faites cuire à 180°C pendant 15-20 minutes jusqu'à ce qu'ils soient tendres et parfumés.

## 257. Mélange de légumes asiatiques sautés

**Ingrédients : pour 4 personnes**
- 500 g de mélange de légumes asiatiques (brocolis, champignons, poivrons), coupés
- 30 ml de sauce soja + 30 ml d'huile de sésame + 5 g de gingembre frais, râpé
- 5 g de sel + 5 g de poivre

**Préparation :**
1. Mélangez les légumes avec la sauce soja, l'huile de sésame, le gingembre, le sel et le poivre.
2. Faites cuire à 180°C pendant 8-10 minutes jusqu'à ce qu'ils soient croquants et parfumés.

## 258. Haricots rouges grillés à la sriracha

**Ingrédients : pour 4 personnes**
- 500 g d'haricots rouges, parés
- 30 ml de sauce sriracha
- 30 ml d'huile d'olive
- 5 g de sel
- 5 g de poivre

**Préparation :**
1. Mélangez les haricots rouges avec la sauce sriracha, l'huile d'olive, le sel et le poivre.
2. Faites cuire à 180°C pendant 8-10 minutes jusqu'à ce qu'ils soient croquants et épicés.

## 259. Haricots blancs à l'ail et au citron

**Ingrédients : pour 4 personnes**
- 500 g d'haricots blancs, cuits + 5 gousses d'ail, hachées
- Zeste et jus de 1 citron + 30 ml d'huile d'olive
- 5 g de sel + 5 g de poivre

**Préparation :**
1. Mélangez les haricots blancs avec l'ail, le zeste et le jus de citron, l'huile d'olive, le sel et le poivre.
2. Faites cuire à 180°C pendant 8-10 minutes jusqu'à ce qu'ils soient chauds et parfumés.

## 260. Courges rôties au thym et à la moutarde

**Ingrédients : pour 4 personnes**
- 500 g de courges, coupées en dés + 20 g de thym frais, haché
- 30 ml de moutarde de Dijon + 30 ml d'huile d'olive
- 5 g de sel + 5 g de poivre

**Préparation :**
1. Mélangez les dés de courges avec le thym, la moutarde de Dijon, l'huile d'olive, le sel et le poivre.
2. Faites cuire à 180°C pendant 15-20 minutes jusqu'à ce qu'elles soient tendres et parfumées.

## 261. Courges spaghetti au pesto et aux tomates séchées

**Ingrédients : pour 4 personnes**
- 500 g de courges spaghetti, cuites et égrenées
- 30 ml de sauce pesto + 30 g de tomates séchées, hachées
- 30 ml d'huile d'olive + 5 g de sel + 5 g de poivre

**Préparation :**
1. Mélangez les courges spaghetti avec la sauce pesto, les tomates séchées, l'huile d'olive, le sel et le poivre.
2. Faites cuire à 180°C pendant 8-10 minutes jusqu'à ce qu'elles soient chaudes et parfumées.

## 262. Mélange de légumes grillés au citron et au parmesan

**Ingrédients : pour 4 personnes**
- 500 g de mélange de légumes (carottes, courgettes, poivrons), coupés en dés
- Zeste et jus de 1 citron + 30 g de parmesan râpé
- 30 ml d'huile d'olive + 5 g de sel + 5 g de poivre

**Préparation :**
1. Mélangez les dés de légumes avec le zeste et le jus de citron, le parmesan, l'huile d'olive, le sel et le poivre.
2. Faites cuire à 180°C pendant 15-20 minutes jusqu'à ce qu'ils soient tendres et parfumés.

## 263. Mélange de légumes grillés à l'ail et au balsamique

**Ingrédients : pour 4 personnes**
- 500 g de mélange de légumes (brocolis, champignons, oignons), coupés
- 5 gousses d'ail, hachées + 30 ml de vinaigre balsamique
- 30 ml d'huile d'olive + 5 g de sel + 5 g de poivre

**Préparation :**
1. Mélangez les légumes avec l'ail, le vinaigre balsamique, l'huile d'olive, le sel et le poivre.
2. Faites cuire à 180°C pendant 8-10 minutes jusqu'à ce qu'ils soient tendres et parfumés.

## 264. Mélange de légumes grillés à la mexicaine

**Ingrédients : pour 4 personnes**
- 500 g de mélange de légumes (poivrons, oignons, maïs), coupés en dés
- 10 g de poudre de chili + 30 ml d'huile d'olive
- 5 g de sel + 5 g de poivre

**Préparation :**
1. Mélangez les dés de légumes avec la poudre de chili, l'huile d'olive, le sel et le poivre.
2. Faites cuire à 180°C pendant 15-20 minutes jusqu'à ce qu'ils soient tendres et épicés.

## 265. Brocolis grillés au parmesan et aux amandes

**Ingrédients : pour 4 personnes**
- 500 g de brocolis, coupés en bouquets
- 30 g de parmesan râpé + 30 g d'amandes effilées
- 30 ml d'huile d'olive + 5 g de sel + 5 g de poivre

**Préparation :**
1. Mélangez les bouquets de brocolis avec le parmesan râpé, les amandes effilées, l'huile d'olive, le sel et le poivre.
2. Faites cuire à 180°C pendant 10-12 minutes jusqu'à ce qu'ils soient tendres et croustillants.

## 266. Asperges grillées à la sauce hollandaise

**Ingrédients : pour 4 personnes**
- 500 g d'asperges, parées + 30 ml de sauce hollandaise
- Zeste de 1 citron + 30 ml d'huile d'olive + 5 g de sel + 5 g de poivre

**Préparation :**
1. Mélangez les asperges avec la sauce hollandaise, le zeste de citron, l'huile d'olive, le sel et le poivre.
2. Faites cuire à 180°C pendant 8-10 minutes jusqu'à ce qu'elles soient tendres et parfumées.

## 267. Champignons grillés au thym et au balsamique

### Ingrédients : pour 4 personnes
- 500 g de champignons, coupés en quartiers
- 20 g de thym frais, haché + 30 ml de vinaigre balsamique
- 30 ml d'huile d'olive + 5 g de sel + 5 g de poivre

### Préparation :
1. Mélangez les quartiers de champignons avec le thym, le vinaigre balsamique, l'huile d'olive, le sel et le poivre.
2. Faites cuire à 180°C pendant 10-12 minutes jusqu'à ce qu'ils soient tendres et parfumés.

## 268. Mélange de légumes grillés à la méditerranéenne

### Ingrédients : pour 4 personnes
- 500 g de mélange de légumes (aubergines, courgettes, poivrons), coupés en dés
- 30 ml d'huile d'olive + 10 g d'origan séché
- 10 g de basilic frais, haché + 5 g de sel + 5 g de poivre

### Préparation :
1. Mélangez les dés de légumes avec l'huile d'olive, l'origan, le basilic, le sel et le poivre.
2. Faites cuire à 180°C pendant 15-20 minutes jusqu'à ce qu'ils soient tendres et parfumés.

## 269. Aubergines grillées au miel et au thym

### Ingrédients : pour 4 personnes
- 500 g d'aubergines, coupées en rondelles + 30 ml de miel
- 20 g de thym frais, haché + 30 ml d'huile d'olive + 5 g de sel + 5 g de poivre

### Préparation :
1. Mélangez les rondelles d'aubergines avec le miel, le thym frais, l'huile d'olive, le sel et le poivre.
2. Faites cuire à 180°C pendant 10-12 minutes jusqu'à ce qu'elles soient tendres et légèrement caramélisées.

# Desserts

# 270. Beignets à la confiture

**Ingrédients : pour 4 personnes**
- 250 g de pâte à beignets
- 100 g de confiture de votre choix
- Sucre en poudre pour saupoudrer

**Préparation :**
1. Étalez la pâte à beignets en petits cercles, ajoutez une cuillère de confiture au centre de chaque cercle, puis pliez-les en deux pour former des demi-lunes.
2. Faites cuire à 180°C pendant 5-7 minutes jusqu'à ce qu'ils soient dorés. Saupoudrez de sucre en poudre avant de servir.

# 271. Beignets à la pomme

**Ingrédients : pour 4 personnes**
- 2 pommes, pelées et coupées en rondelles
- 250 g de pâte à beignets
- 5 g de cannelle en poudre
- Sucre en poudre pour saupoudrer

**Préparation :**
1. Enrobez les rondelles de pomme de cannelle en poudre.
2. Enveloppez chaque rondelle de pomme dans la pâte à beignets.
3. Faites cuire à 180°C pendant 5-7 minutes jusqu'à ce qu'ils soient dorés. Saupoudrez de sucre en poudre avant de servir.

# 272. Churros au chocolat

**Ingrédients : pour 4 personnes**
- 250 g de pâte à churros
- 100 g de chocolat noir fondu
- Sucre en poudre pour saupoudrer

**Préparation :**
1. Façonnez la pâte à churros en bâtonnets.
2. Faites cuire à 180°C pendant 6-8 minutes jusqu'à ce qu'ils soient dorés.
3. Trempez les churros dans le chocolat fondu et saupoudrez de sucre en poudre.

## 273. Churros à la cannelle et au sucre

**Ingrédients : pour 4 personnes**
- 250 g de pâte à churros
- 10 g de cannelle en poudre
- 50 g de sucre

**Préparation :**
1. Façonnez la pâte à churros en bâtonnets.
2. Faites cuire à 180°C pendant 6-8 minutes jusqu'à ce qu'ils soient dorés.
3. Mélangez le sucre et la cannelle, puis roulez les churros encore chauds dans ce mélange.

## 274. Beignets de crème à la vanille

**Ingrédients : pour 4 personnes**
- 250 g de pâte à beignets
- 200 ml de crème pâtissière à la vanille
- Sucre glace pour saupoudrer

**Préparation :**
1. Façonnez la pâte à beignets en petits cercles.
2. Faites cuire à 180°C pendant 5-7 minutes jusqu'à ce qu'ils soient dorés.
3. Remplissez-les de crème pâtissière à la vanille et saupoudrez de sucre glace.

## 275. Beignets de crème au chocolat

**Ingrédients : pour 4 personnes**
- 250 g de pâte à beignets
- 200 ml de crème pâtissière au chocolat
- Sucre glace pour saupoudrer

**Préparation :**
1. Façonnez la pâte à beignets en petits cercles.
2. Faites cuire à 180°C pendant 5-7 minutes jusqu'à ce qu'ils soient dorés.
3. Remplissez-les de crème pâtissière au chocolat et saupoudrez de sucre glace.

## 276. Bananes frites au miel et à la cannelle

**Ingrédients : pour 4 personnes**
- 4 bananes, coupées en rondelles
- 30 ml de miel
- 5 g de cannelle en poudre

**Préparation :**
1. Enrobez les rondelles de banane de miel et de cannelle.
2. Faites cuire à 180°C pendant 5-7 minutes jusqu'à ce qu'elles soient dorées.

## 277. Ananas frit à la noix de coco

**Ingrédients : pour 4 personnes**
- 4 tranches d'ananas
- 100 g de noix de coco râpée
- 30 ml de sirop d'érable

**Préparation :**
1. Enrobez les tranches d'ananas de sirop d'érable, puis roulez-les dans la noix de coco râpée.
2. Faites cuire à 180°C pendant 5-7 minutes jusqu'à ce qu'elles soient dorées.

## 278. Petits gâteaux au chocolat fondant

**Ingrédients : pour 4 personnes**
- 250 g de pâte à gâteau au chocolat
- 100 g de pépites de chocolat
- 30 ml de crème anglaise

**Préparation :**
1. Façonnez la pâte à gâteau au chocolat en petits gâteaux.
2. Faites cuire à 180°C pendant 8-10 minutes jusqu'à ce qu'ils soient cuits à l'intérieur mais encore fondants.
3. Servez-les avec de la crème anglaise.

## 279. Petits gâteaux aux pommes et à la cannelle

### Ingrédients : pour 4 personnes
- 250 g de pâte à gâteau
- 2 pommes, pelées et coupées en dés
- 5 g de cannelle en poudre
- Sucre glace pour saupoudrer

### Préparation :
1. Mélangez les dés de pomme et la cannelle dans la pâte à gâteau.
2. Façonnez la pâte en petits gâteaux.
3. Faites cuire à 180°C pendant 8-10 minutes jusqu'à ce qu'ils soient cuits à l'intérieur.
4. Saupoudrez de sucre glace avant de servir.

## 280. Gaufres à la vanille

### Ingrédients : pour 4 personnes
- 250 g de pâte à gaufres à la vanille
- 30 ml de sirop d'érable
- Fruits frais pour garnir

### Préparation :
1. Façonnez la pâte à gaufres en gaufres individuelles.
2. Faites cuire à 180°C pendant 5-7 minutes jusqu'à ce qu'elles soient dorées.
3. Servez avec du sirop d'érable et des fruits frais.

## 281. Gaufres à la cannelle et au sucre

### Ingrédients : pour 4 personnes
- 250 g de pâte à gaufres
- 10 g de cannelle en poudre
- 50 g de sucre

### Préparation :
1. Façonnez la pâte à gaufres en gaufres individuelles.
2. Faites cuire à 180°C pendant 5-7 minutes jusqu'à ce qu'elles soient dorées.
3. Mélangez le sucre et la cannelle, puis saupoudrez les gaufres encore chaudes de ce mélange.

## 282. Croustillants aux pommes et à la cannelle

**Ingrédients : pour 4 personnes**
- 4 pommes, pelées et coupées en dés
- 100 g de flocons d'avoine + 30 g de cassonade
- 30 ml de beurre fondu + 5 g de cannelle en poudre

**Préparation :**
1. Mélangez les dés de pomme avec les flocons d'avoine, la cassonade, le beurre fondu et la cannelle.
2. Formez des petits croustillants et faites cuire à 180°C pendant 10-12 minutes jusqu'à ce qu'ils soient croustillants.

## 283. Croustillants à la noix de coco et au chocolat

**Ingrédients : pour 4 personnes**
- 100 g de noix de coco râpée
- 100 g de pépites de chocolat
- 30 ml de lait concentré sucré

**Préparation :**
1. Mélangez la noix de coco râpée, les pépites de chocolat et le lait concentré sucré.
2. Formez de petits croustillants et faites cuire à 180°C pendant 5-7 minutes jusqu'à ce qu'ils soient dorés.

## 284. Pain perdu à la vanille et aux fruits rouges

**Ingrédients : pour 4 personnes**
- 4 tranches de pain + 2 œufs + 100 ml de lait
- 5 g de vanille en poudre + 100 g de fruits rouges frais
- Sucre glace pour saupoudrer

**Préparation :**
1. Mélangez les œufs, le lait et la vanille en poudre. Trempez les tranches de pain dans ce mélange.
2. Faites cuire à 180°C pendant 4-5 minutes de chaque côté jusqu'à ce qu'elles soient dorées. Servez avec des fruits rouges frais et saupoudrez de sucre glace.

# 285. Pain perdu à la cannelle et au sirop d'érable

### Ingrédients : pour 4 personnes
- 4 tranches de pain + 2 œufs + 100 ml de lait
- 10 g de cannelle en poudre + 30 ml de sirop d'érable

### Préparation :
1. Mélangez les œufs, le lait et la cannelle en poudre.
2. Trempez les tranches de pain dans ce mélange.
3. Faites cuire à 180°C pendant 4-5 minutes de chaque côté jusqu'à ce qu'elles soient dorées. Servez avec du sirop d'érable.

# 286. Chaussons aux pommes caramélisées

### Ingrédients : pour 4 personnes
- 250 g de pâte à chaussons + 2 pommes, pelées et coupées en dés
- 30 g de sucre + 30 ml de caramel liquide

### Préparation :
1. Mélangez les dés de pomme avec le sucre et le caramel liquide.
2. Remplissez les chaussons de ce mélange.
3. Faites cuire à 180°C pendant 8-10 minutes jusqu'à ce qu'ils soient dorés.

# 287. Chaussons à la banane et au chocolat

### Ingrédients : pour 4 personnes
- 250 g de pâte à chaussons
- 2 bananes, coupées en rondelles
- 100 g de pépites de chocolat
- Sucre glace pour saupoudrer

### Préparation :
1. Remplissez les chaussons avec des rondelles de banane et des pépites de chocolat.
2. Faites cuire à 180°C pendant 8-10 minutes jusqu'à ce qu'ils soient dorés.
3. Saupoudrez de sucre glace avant de servir.

## 288. Roulés à la cannelle glaçés

**Ingrédients : pour 4 personnes**
- 1 pâte à pain levée + 30 g de beurre fondu
- 50 g de cassonade + 10 g de cannelle en poudre
- Pour le glaçage : 100 g de sucre glace, 15 ml de lait, 5 ml d'extrait de vanille

**Préparation :**
1. Étalez la pâte à pain en un rectangle.
2. Badigeonnez-la de beurre fondu et saupoudrez de cassonade et de cannelle en poudre. Enroulez la pâte en un boudin et coupez-la en tranches.
3. Faites cuire à 180°C pendant 10-12 minutes jusqu'à ce qu'ils soient dorés.
4. Préparez le glaçage en mélangeant le sucre glace, le lait et l'extrait de vanille. Nappez les roulés encore chauds avec le glaçage.

## 289. Cheesecake au citron

**Ingrédients : pour 4 personnes**
- 250 g de mélange de biscuits émiettés (biscuits Graham)
- 100 g de beurre fondu + 250 g de fromage à la crème
- 100 g de sucre + 2 œufs + Jus et zeste de 2 citrons

**Préparation :**
1. Mélangez les biscuits émiettés avec le beurre fondu et tapissez le fond de votre moule.
2. Dans un bol, battez le fromage à la crème, le sucre, les œufs, le jus et le zeste de citron jusqu'à obtenir une texture crémeuse. Versez la préparation sur la croûte de biscuits.
3. Faites cuire à 180°C pendant 20-25 minutes jusqu'à ce que le cheesecake soit pris.
4. Laissez refroidir avant de déguster.

## 290. Tartelettes aux fruits

**Ingrédients : pour 4 personnes**
- 250 g de pâte à tartelette + 200 g de crème pâtissière
- Fruits frais (fraises, kiwis, mangues) + 30 ml de gelée de fruit (au choix)

**Préparation :**
1. Préparez des mini-tartelettes avec la pâte et faites-les cuire à 180°C pendant 8-10 minutes jusqu'à ce qu'elles soient dorées.
2. Remplissez chaque tartelette de crème pâtissière.
3. Garnissez avec des tranches de fruits frais et badigeonnez de gelée de fruit pour les faire briller.

## 291. Tartelettes au chocolat et aux noix

### Ingrédients : pour 4 personnes
- 250 g de pâte à tartelette
- 100 g de chocolat noir fondu
- 50 g de noix hachées

### Préparation :
1. Préparez des mini-tartelettes avec la pâte et faites-les cuire à 180°C pendant 8-10 minutes jusqu'à ce qu'elles soient dorées.
2. Remplissez chaque tartelette de chocolat noir fondu.
3. Saupoudrez de noix hachées avant que le chocolat ne durcisse.

## 292. Cobbler aux pêches

### Ingrédients : pour 4 personnes
- 500 g de pêches, pelées et coupées en morceaux
- 100 g de sucre + 100 g de farine
- 100 ml de lait + 50 g de beurre fondu

### Préparation :
1. Mélangez les pêches avec 50 g de sucre et étalez-les dans un plat allant au four.
2. Dans un autre bol, mélangez la farine, le reste du sucre, le lait et le beurre fondu.
3. Versez ce mélange sur les pêches.
4. Faites cuire à 180°C pendant 25-30 minutes jusqu'à ce que le dessus soit doré.

## 293. Gâteau au chocolat individuel

### Ingrédients : pour 4 personnes
- 250 g de pâte à gâteau au chocolat
- 30 ml de crème anglaise
- 30 ml de chocolat fondu

### Préparation :
1. Façonnez la pâte à gâteau en petits gâteaux individuels.
2. Faites cuire à 180°C pendant 8-10 minutes jusqu'à ce qu'ils soient cuits à l'intérieur.
3. Servez avec de la crème anglaise et du chocolat fondu.

## 294. Gâteau aux pommes individuel

**Ingrédients : pour 4 personnes**
- 250 g de pâte à gâteau
- 2 pommes, pelées et coupées en dés
- 5 g de cannelle en poudre

**Préparation :**
1. Mélangez les dés de pomme et la cannelle dans la pâte à gâteau.
2. Façonnez la pâte en petits gâteaux individuels.
3. Faites cuire à 180°C pendant 8-10 minutes jusqu'à ce qu'ils soient cuits à l'intérieur.

## 295. Biscuits au beurre et à la confiture

**Ingrédients : pour 4 personnes**
- 250 g de pâte à biscuits
- 100 g de confiture de votre choix

**Préparation :**
1. Façonnez la pâte à biscuits en petits cercles.
2. Faites un creux au centre de chaque biscuit et ajoutez une cuillère de confiture.
3. Faites cuire à 180°C pendant 8-10 minutes jusqu'à ce qu'ils soient dorés.

## 296. Biscuits aux pépites de chocolat

**Ingrédients : pour 4 personnes**
- 250 g de pâte à biscuits
- 100 g de pépites de chocolat

**Préparation :**
1. Façonnez la pâte à biscuits en petits cercles.
2. Faites cuire à 180°C pendant 8-10 minutes jusqu'à ce qu'ils soient dorés.

## 297. Tarte au citron individuelle

**Ingrédients : pour 4 personnes**
- 250 g de pâte à tarte + 100 ml de jus de citron
- Zeste de 1 citron + 100 g de sucre

**Préparation :**
1. Préparez des mini-tartelettes avec la pâte et faites-les cuire à 180°C pendant 8-10 minutes jusqu'à ce qu'elles soient dorées.
2. Dans un bol, mélangez le jus de citron, le zeste de citron et le sucre.
3. Versez ce mélange dans les tartelettes cuites.
4. Laissez refroidir avant de servir.

# 298. Tarte aux fraises individuelle

**Ingrédients : pour 4 personnes**
- 250 g de pâte à tarte + 200 g de fraises fraîches + 30 ml de gelée de fruit (au choix)

**Préparation :**
1. Préparez des mini-tartelettes avec la pâte et faites-les cuire à 180°C pendant 8-10 minutes jusqu'à ce qu'elles soient dorées.
2. Garnissez chaque tartelette de fraises fraîches et badigeonnez de gelée de fruit pour les faire briller.

# 299. Cake au citron et aux graines de pavot

**Ingrédients : pour 4 personnes**
- 250 g de pâte à cake au citron + 10 g de graines de pavot

**Préparation :**
1. Façonnez la pâte à cake en petits cakes individuels. Faites cuire à 180°C pendant 10-12 minutes jusqu'à ce qu'ils soient dorés. Saupoudrez de graines de pavot pour une touche de croquant.

# 300. Gaufres à la vanille et aux fraises

**Ingrédients : pour 4 personnes**
- 250 g de pâte à gaufres à la vanille + 100 g de fraises fraîches, coupées en tranches + Sucre glace pour saupoudrer

**Préparation :**
1. Façonnez la pâte à gaufres en gaufres individuelles. Faites cuire à 180°C pendant 5-7 minutes jusqu'à ce qu'elles soient dorées. Servez avec des tranches de fraises fraîches et saupoudrez de sucre glace pour plus de douceur.

# 301. Mini-Tartelettes au chocolat et à la framboise

**Ingrédients : pour 4 personnes**
- 250 g de pâte à tartelette + 100 g de chocolat noir fondu + 100 g de framboises fraîches

**Préparation :**
1. Préparez des mini-tartelettes avec la pâte à tartelette et faites-les cuire à 180°C pendant 8-10 minutes jusqu'à ce qu'elles soient dorées. Remplissez chaque tartelette de chocolat noir fondu. Garnissez avec des framboises fraîches pour une touche fruitée.

Printed in France by Amazon
Brétigny-sur-Orge, FR